人民满意的公务员和人民满意的公务员集体风采录

中共青海省委组织部 编

坚定理想信念 牢记初心使命

青海人民出版社

图书在版编目（ＣＩＰ）数据

人民满意的公务员和人民满意的公务员集体风采录 /
中共青海省委组织部编 . -- 西宁 : 青海人民出版社，
2023.6

ISBN 978-7-225-06470-3

Ⅰ.①人…Ⅱ.①中…Ⅲ.①公务员—先进事迹—青
海—现代②公务员—先进集体—先进事迹—青海—现代
Ⅳ.① K828.2

中国国家版本馆 CIP 数据核字 (2023) 第 091726 号

人民满意的公务员和人民满意的公务员集体风采录
中共青海省委组织部　编

出 版 人　樊原成
出版发行　青海人民出版社有限责任公司
　　　　　西宁市五四西路 71 号　邮政编码：810023　电话：（0971）6143426（总编室）
发行热线　（0971）6143516 / 6137730
网　　址　http://www.qhrmcbs.com
印　　刷　青海新宏铭印业有限公司
经　　销　新华书店
开　　本　720 mm × 1010 mm　1/16
印　　张　12.5
字　　数　130 千
版　　次　2023 年 6 月第 1 版　2023 年 6 月第 1 次印刷
书　　号　ISBN 978-7-225-06470-3
定　　价　58.00 元

目　录

全国卷
（全国"人民满意的公务员"和"人民满意的公务员集体"风采录）

心系民生实事　情洒碧水丹霞

　　——记海南州贵德县拉西瓦镇党委书记、一级主任科员张景文　　　3

用心践行人民公仆的使命和担当

　　——记海北州祁连县农牧水利科技和乡村振兴局农牧综合行政执法大队

　　四级主任科员秦海榛　　　9

奋力书写人民满意的教育答卷

　　——记玉树州囊谦县教育局党委书记、局长，

　　县委教育工委专职副书记更尕扎西　　　15

用生命坚守初心　以平凡书写璀璨

　　——追记果洛州玛多县政协办公室原主任索拉　　　21

做让党放心的人民好警察

——记省公安厅刑事警察总队刑事科学技术研究管理中心现场勘查科科长、

警务技术四级主任鲁斌　　　　　　　　　　　　　　　　　27

战"疫"中谱写青春之歌

——记省卫生健康委员会卫生应急办公室（突发公共卫生事件

应急指挥中心）一级主任科员文春莲　　　　　　　　　33

聚人气暖民心　服务群众"零距离"

——记西宁市城西区古城台街道办事处　　　　　　　39

排忧解难聚民心　凝心聚力促发展

——记海西州德令哈市柯鲁柯镇人民政府　　　　　　45

雪域高原的可可西里守护者

——记三江源国家公园管理局长江源（可可西里）园区国家公园

管理委员会可可西里管理处　　　　　　　　　　　51

青海卷

（第四届青海省"人民满意的公务员"和"人民满意的公务员集体"风采录）

辖区的活地图 群众的暖心人

——记西宁市公安局城中公安分局南滩派出所一级警长施雪杰　　59

新时代的土乡巾帼检察官

——记海东市互助县人民检察院第一检察部主任、一级检察官李明　　65

扎根孤城写忠诚 为民务实显担当

——记海西州茫崖市委办公室主任、一级主任科员刘臻　　71

心系群众办实事 真情服务暖人心

——记海南州委巡察组副组长关却卓玛　　77

忠诚尽责甘奉献 任劳任怨践初心

——记海北州自然资源局办公室主任、一级主任科员祁佐民　　83

用生命当好曲麻莱民俗文化的传承者

——追记玉树州曲麻莱县文体旅游广电局原局长、一级主任科员尕松尼玛　　89

用生命守护黄河源头　用真情践行为民初心

　　——追记果洛州玛多县黄河乡党委原书记、四级调研员多太　　95

巾帼逐梦守初心　砥砺奋进显担当

　　——记黄南州河南县委宣传部副部长、县文体旅游广电局党组书记、

　　局长陈敏　　101

立足本职践初心　平凡岗位书华章

　　——记黄南州卫生健康委员会卫生业务科科长、一级主任科员祁芳录　　107

心怀法治梦想　播撒为民情怀

　　——记青海省委政法委执法监督处副处长张玉德　　113

以人民满意为遵循　筑牢司法为民根基

　　——记海南州同德县司法局　　121

全心全意当好东川人民的守护者

　　——记海北州门源县东川镇人民政府　　127

用心做好城市管理的"后勤员"

　　——记玉树州玉树市城市管理综合行政执法局　　133

寂寂无闻守阵地　艰苦卓绝护生态

　　——记中共玉树州治多县索加乡委员会　　139

使命与荣誉相随　职能与责任同行

　　——记果洛州玛沁县委办公室　　　　　　　145

新时代高原上的满"枫"派出所

　　——记果洛州达日县公安局满掌派出所　　　151

根植于为民服务的基层"沃土"中

　　——记黄南州同仁市隆务镇人民政府　　　　157

在听民意解民忧惠民生中凝聚民心

　　——记省委办公厅信息处　　　　　　　　　165

不忘初心担使命　为民服务显担当

　　——记省社会保险服务局企业职工和城乡居民养老保险经办处　　　171

附录

中共中央国务院关于表彰全国"人民满意的公务员"和"人民满意的

公务员集体"的决定　　　　　　　　　　　　177

中共青海省委青海省人民政府关于表彰第四届青海省"人民满意的公

务员"和"人民满意的公务员集体"的决定　　　185

全国 卷

全国『人民满意的公务员』

和『人民满意的公务员集

体』风采录

心系民生实事　情洒碧水丹霞

——记海南州贵德县拉西瓦镇党委书记、一级主任科员张景文

★张景文（中）

　　张景文，男，土族，中共党员，1982 年 7 月生，大学学历，现任青海省海南藏族自治州贵德县拉西瓦镇党委书记、一级主任科员。谦虚、认真，嘴角总是上扬，一提起自己的工作领域，就开始"滔滔不绝"……见过张景文的人，都会被他浑身散发的干劲所感染。身处最基层，他俯下身子一心为民，以"80 后"干部学历较高、知识结构多元、年富力强的优势，在多个岗位上表现出色，团结带领广大干部群众攻坚克难、砥砺奋进，赢得了社会和群众的普遍赞誉。2020 年，他被生态环境部评为"全国固定污染源排污许可全覆盖工作表现突出个人"。

点不了三把火，我就添一把柴

大学毕业参加工作后，张景文先后在多个岗位任职，但最让他难忘的，是就任贵德县第一任生态环境局局长。

2019 年 4 月，机构改革之际，他被任命为贵德县生态环境局局长，也是该局成立后的首任"一把手"。在此之前，贵德县尚未建立成体系的生态环境工作制度和长远规划，该领域几乎就是一张白纸。面对当时较为艰难的工作局面，他暗暗下定决心："点不了三把火，我就添一把柴！"

上任后，他成了省州生态环境部门的常客，只要有机会，张景文就会带着 7 个人的班子跑到上级生态环境部门和院校专家处取经。为了弄清楚"十四五"规划编制各项指标内涵和设定标准等内容，他和同事在省厅连续衔接一个多月，每个处室都反复响起他们始终如一、谦虚谨慎的询问请教声。

此后，他迅速和团队顺利打了几个漂亮仗：两年内，贵德县生态环境局从一个 7 人的新单位发展壮大到 37 人，重组了贵德县生态环境保护巡查管理工作组，有效补齐了生态环境监察执法队伍偏弱的短板。

面对县域内企业违规甚至破坏生态环境的行为，加强执法力度，阻止了一批排污标准不达标的招商引资项目"上马"，进而保证了全县空气优良率达到 99.6%、黄河断面水质达到 Ⅱ 类标准、集中式饮用水水源达标率达到 100%。在第二次全国污染源普查入户调查与数据质量审核工作中，全县 323 个名录库均被确定为无污染点。贵德县生态环境局也因此荣获第二次全国污染源普查表现突出集体，班子成员中三人荣获生态环境部嘉奖。

一个成功的案例要比我劝说一万句更管用

仲春时节，黄河吊桥南岸，摇曳的芦苇花刚刚发出新芽，许多慕名而来的人都会被眼前秀丽的风景所吸引。

两年前，这里还是一个水黑发臭的芦苇塘，水环境和水生态不同程度遭到破坏。张景文想把这片地好好打造一番，引来的却是种种嘲讽。"一个全是杂草的臭水塘，啥时候能治理完？""忙活了半天，万一没成效，又会长出来一堆杂草，岂不是闹笑话？"

面对质疑，张景文选择用实际行动来证明："一个成功的案例要比我劝说一万句更管用！"针对芦苇荡内水生植物退化、污染物富集导致的复合性难题，他和团队创新性采用"复合流潜流湿地＋生态表流湿地"组合工艺，引流县城污水处理厂尾水，实施了"尾水深度净化生态湿地系统建设和生态修复"项目。

经过两年的持续改造，芦花湾已然成为居民午后闲暇之余享受鸟语花香的生态公园，也使黄河干流贵德河阴段水体净化功能与水生态保护能力得到提高，为黄河上游筑牢了一道坚实的生态安全屏障。该项目也于 2020 年被生态环境部评为全国优秀项目案例。

芦花湾的成功案例，让他信心十足，他快马加鞭，先后成功实施 7 个生态环境保护项目，总投资达 2.09 亿元，力促贵德县成功创建国家生态文明建设示范县，并完成"两山创新实践基地"的省级评审，大大提升了贵德县的影响力、竞争力和软实力，真正把生态文明的优势转化为经济发展的动能。

进村入户就是我的主要工作

民心如海，滴水汇聚成其汪洋；民利如山，寸土累积成其巍峨。2021 年春，张景文调整至拉西瓦镇任镇党委书记。

上班的第一天，他走村入户开启了疯狂的下乡模式。短短的一周，张景文的足迹踏遍全镇 10 个村的各个角落，全面掌握镇情实际，尽快确定未来的发展定位，带领乡亲们逐个击破难点、要点，盘活存量土地，为今后乡村振兴项目实施提供了坚实的用地保障。

调研叶后浪村时，看到坑坑洼洼的路和老化的电线，他便用最短的时间争取到 1750 万元用于道路建设。深入群众家里时，闻到满屋子浓浓的煤烟和炕烟味，他积极整合资源，筹措资金 200 余万元，在曲卜藏、豆后浪村实施了"电热炕"改造项目，433 户农户告别了"烟熏火燎"的取暖时代，用上了安全、节能、环保的电热炕。先后筹措 6000 余万元用于仍果村渠道维修、仍果村卫当口养殖场建设、四村污水管网、曲乃亥村关爱老年人驿站等项目。

同时，他衔接协调，系统谋划招商引资项目，初步计划在镇内建厂 9 家，涉及资金超过 2 亿元，为全镇延伸传统产业链条、

张景文（左二）

推进多元发展、推动各村集体经济全面进步、推动乡村振兴战略引入了源头活水，注入了全新动力。

"自从张书记来了，村上和群众的大小事，他都当自己的事来干，各类产业发展起来了。"曲卜藏村党支部副书记南石角看到村里翻天覆地的变化，心里乐开了花。

不仅如此，面对发展新形势和乡村振兴新机遇，经过广泛调研、科学研判，张景文提出了"十四五"时期，拉西瓦镇要打造成绿色有机农畜产品输出地全链条产业示范镇、黄河文化工业旅游带特色镇、乡村振兴全域产业先锋镇、黄河上游生态文明建设标杆镇、新时代乡村基层治理样板镇，并全力打造以"水韵拉西瓦·云上巴卡台"、曲乃亥温泉康养旅游基地为主的旅游业，创建乡村民俗文化旅游村镇和康养旅游新业态，全心全力带领拉西瓦镇干部群众在创造美好生活的道路上奋勇前行。

石蕴玉而生辉，水怀珠而娇媚。无论在什么岗位上，张景文总是凭借一颗赤诚之心，尽己所能，造福一方。站在新起点上，张景文又迈着坚定的步伐，带领干部群众在创造美好幸福生活的道路上不断前进。

用心践行人民公仆的使命和担当

——记海北州祁连县农牧水利科技和乡村振兴局农牧综合行政执法大队四级主任科员秦海榛

★秦海榛（左三）

秦海榛，男，汉族，1986 年 11 月生，中共党员，大专学历，现任青海省海北藏族自治州祁连县农牧水利科技和乡村振兴局农牧综合行政执法大队四级主任科员。该同志始终坚持"道虽迩、不行不至，事虽小、不为不成"的人生信条，从每件小事做起，从点点滴滴积累，在第一书记的岗位上兢兢业业，真正扎根在扶贫第一线，切实做到了用热血挥洒青春，用行动诠释奉献，在脱贫攻坚和乡村振兴的路上谱写了为民致富的新乐章。2019 年以来，多次被中共祁连县委组织部评为"优秀第一书记"。

初来乍到，用心筑牢初心和使命

2018 年 4 月，秦海榛被委派到峨堡镇白石崖村担任"第一书记"。刚到村里，村民们就给他来了个"下马威"，村内一些贫困户开玩笑地说："一个连青稞、小麦都分不清的书记，怎么帮助我们创业致富？估计也就是下来转转，马上要走了。"仔细品味着村民们对自己的"评价"，秦海榛开始下功夫认真学习、了解情况，掌握第一手资料，针对每一户贫困户的发展实际，通过"扶志＋扶智"的帮扶思路，制定脱贫致富的发展路子。

巴英选家是村内缺少经营方式、增加收入不明显的典型例子，为了让他们家找到脱贫的"钥匙"，秦海榛通过自学，掌握了科学养殖的方法，立马就动员巴英选搞养殖。在秦海榛的帮助下，2019 年巴英选家总收入达 49182 元，人均收入达 12295 元，超过 2019 年脱贫线的 3 倍。截至 2020 年，白石崖村全村发展畜牧业的贫困户已占到贫困户总数的 79.5%，剩余 20.5% 的贫困户则通过生态管护、外出务工、自主经营等方式稳步增加收入，全村贫困户人均可支配收入达 13000 元以上。

锐意进取，做努力奔跑的追梦人

白石崖村党员活动室在 2009 年修建后，年久失修，加之牧区气候寒冷，党员活动室除了夏季，基本上处于闲置状态。秦海榛走访了解到，党员不愿意到村内开展活动的原因很简单，那就是党员活动室太冷，开会就像是在"受罪"。针对这一现状，秦海榛咨询专业家装公司，对村内取暖设施进行了"升级"，以"项目扶持 + 村内出资"的方式购置安装了 2 台电锅炉，一下子让党员活动室热了起来。但是他又发现，党员活动室虽然热了，但是硬件设施依然很欠缺，要想彻底改变党员活动室，就要来一场大改变。秦海榛通过走访"化缘"的方式，解决了会议桌椅一套，从青海锦昱鑫农牧业开发公司那里解决了投影设备一套，并结合村党员活动室建设要求，对党员活动室进行了大翻新。以往那个像冷库一样的党员活动室已经不见了，取而代之的是窗亮地净的活动室。整洁美观的文化墙，统一色调的党员形象展板，全村党员开展活动、组织学习的积极性越来越高了。

甘于奉献，只争朝夕不负韶华

看着白石崖村集体经济一直处于停滞不前的状态，秦海榛很揪心，他认为一个村能不能发展起来，既要看群众的钱包"鼓不鼓"，又要看村集体资金账户"厚不厚"。他通过走访老党员和卸任老干部，摸透了村集体经济发展的弊端，多次召开村"两委"会议，全力整合村内各类项目资金，最终确定了"低保＋合作社＋企业"的发展模式。通过在西宁购置商铺、统筹修建商贸楼等方式，使村集体经济拿上了"低保"。同时，将村内党员牧场牲畜、草原作价入股加入白石崖村生态畜牧业专业合作社，产生畜牧业养殖效益。此外，采用企业带动的方式，建设沙棘果汁生产线，明确合作社模式，集中入股50万元，占股18.7%。通过几年的发展，2021年白石崖村集体经济收入突破了20万元。村党支部书记回

秦海榛（右一）

忆白石崖村两年来的发展历程时，深情地说道："村集体经济发展欣欣向荣，我们有信心将白石崖村打造成峨堡镇乃至全县的样板村，秦书记给我们指明了发展道路，制定了发展规划，我们永远不能忘记村里有这样一位好书记。"

踔厉奋发，乡村振兴扬帆起航

面对脱贫攻坚成果巩固和乡村振兴有效衔接的艰难挑战，秦海榛第一时间向组织申请，勇挑重担，继续奋斗在乡村振兴的第一线。借助祁连县"三色"党建，为白杨沟村总结了"五微"党建工作法，为党员家庭设置了"党员家庭标识牌"，公示了党员的姓名、联系方式、照片、一句话承诺等内容，真正让党员从人群中站出来，让党员家庭在坐标上显出来。针对白杨沟村实际，确定了"变荒地为基地"的发展路线，以"吃住行游购娱"六要素为切入点，制定了"短平快"的乡村旅游发展思路，借助青海省乡村振兴500万元资金，对原水泥厂荒地进行改造，积极打造儿童乐园、旅游文创研学基地等，进一步增加村内旅游设施，不断提升吸引力，确保游客数量稳步增加，为白杨沟村产业兴旺打下基础。结合现有的乡村农庄，鼓励群众积极开展民俗经营，通过村旅游协会的统一安排管理，让乡村旅游在规范中发展，让群众在旅游中获利。

他常说："道阻且长，行则将至。"第一书记不仅仅是一份沉甸甸的责任，更是一段永生难忘的经历。既是一次从机关到基层的转变之旅，也是一条自我充实、自我革新的改变之路。只有真正把自己完全融入乡村和村民之中，拿出"不破楼兰终不还"的决心和勇气，推动精准脱贫，办好一件件小事，才能赢得群众的信任和尊重，才是一名驻村第一书记的初心和使命。

奋力书写人民满意的教育答卷

——记玉树州囊谦县教育局党委书记、局长，县委教育工委专职副书记更尕扎西

★更尕扎西

　　更尕扎西，男，藏族，1979年5月生，中共党员，省委党校研究生学历，现任青海省玉树藏族自治州囊谦县教育局党委书记、局长，县委教育工委专职副书记。在20多年的教育工作中，该同志始终带着对教育的深厚情怀，坚守"为党育人，为国育才"的初心和使命，致力于边远少数民族地区的教育事业，在办好人民满意教育的伟大征程中，锐意进取、大胆创新、无私奉献，为当地教育事业发展倾尽了所能，得到了各级组织和广大师生及人民群众的充分肯定。2021年9月，被青海省教育厅评为"青海省优秀教育工作者"。

首创"党建既德育"理念，
培养"红心向党"的接班人

作为教育工委专职副书记，更尕扎西高度重视党建引领作用，他跑遍全县各级各类学校开展实地调研，了解学校支部建设情况和存在的短板问题，提出了"党建既德育"的工作思路，结合组织体系建设三年行动计划，在教育系统成立了 23 个党支部，在党员人数不足的学校设立党建指导员，并积极推进学校支部规范化建设工程，实现了党建工作各学校全覆盖。在多年的教育工作中，他自觉养成了学以致用的良好习惯，只要有时间、有机会，就到基层学校开展实地调研，到工作一线检验自己的工作理念，倾听师生的意见建议，手把手指导学校工作。每到一所学校，他总会说："学校是教书育人的场所，大家把教书作为主业，可我认为育人才是核心，抓党建就是抓育人，抓好了党建，学校的发展不会偏，育人的目标不会错。"在他的坚持和指导下，全县学校党组织的领导力日益增强，各校校长为党育人、按章办学、立德树人的意识愈发浓厚，党建引领作用得到充分发挥。

狠抓"控辍保学"政策，
践行"一个都不能少"的初心

作为一名从一线教师成长起来的教育局局长，他热爱教育事业，渴望提升当地教育的质量水平，他结合调研成果和多年来从事教育工作的经验，积极向县委、县政府提出了多项改革意见和建议，有效推动了全县教育工作的健康发展。精准扶贫以来，他深知扶贫更要扶智和扶志的道理，认为今天的辍学生就是明天的贫困户，也坚信教育是摆脱贫困的关键和根本。但由于部分农牧民群众文化水平不高，对"控辍保学"政策不理解，全县的义务教育阶段辍学率居高不下。为了进一步提高教育保障水平，坚决杜绝学生因贫困而辍学、失学，他从教育保障大局和党员初心出发，按照县委、县政府的工作部署，全力啃"硬骨头"，积极组织和动员各界力量，系统谋划和扎实推进"控辍保学"专项行动。每到一个贫困家庭，他总要促膝相谈，动之以情晓之以理，向群众仔细讲解教育对家庭和子女的意义，普及经济脱贫更要教育脱贫的思想观念。他曾在劝返工作进入瓶颈期时，苦口婆心入户做辍学生家长的思想工作，留下"一户十进"的劝返实例，工作力度和难度显而易见。四年来，他上山下乡、走村入户、建章立制，逐户逐人开展家访劝返，劝返率达 100%；并按照要求，探索建立控辍保学动态清零常态化工作机制，有效实现了"一个都不能少"的教育保障目标。

打造"龙头＋鲶鱼"工作格局，
激活义教均衡发展动能

以"龙头"带动全域，推动学前教育上台阶。面对学前教育的"短缺少"问题，积极探索推进学前教育集团化办园，充分利用牵头幼儿园的引领带头作用，按照划片、划区管理原则，及时督促，有序跟进，实现了骨干教师资源共享，88个学前服务点

更尕扎西同志在五四表彰会上为优秀学生颁奖

全面运行，学前三年毛入园率达82%，创历史新高，有效提升了弱园办园质量，迈出了学前教育城乡协同发展的第一步。以"鲶鱼"促竞争，打破教育人才流动困境。面对教师队伍专业化水平不高和师资紧缺的突出问题，他积极推行"师择、局荐、校聘"的教师管理改革，统筹整合调剂教师资源，使专任教师从单位人变成了系统人，实现了系统内的科学调配。经过四年的改革实践，全县共有515名教师参加了交流，占编内教师总数的65.3%，全县城乡学校教师年龄、学科、学历、专业、职称结构得到最大化均衡，有力促进了教师"学有所教，教有所获"，激活了教育资源潜能，提高了广大教师的工作积极性。同时，面对社会发育程度低、历史欠账多、经济基础薄弱、师资配备和教育质量落后等现实困难，顺利通过了教育部义务教育均衡验收。

坚持"防患未然"的目标，
全方位维护校园安全和稳定

作为分管教育系统安全维稳工作的领导，他始终坚持"学校安全无小事"的思想，提出逢会必讲安全的思路，从严从实落实校园安全维稳工作，要求各学校每学期进行 2 次校园隐患排查和一次应急演练，同时积极与各部门协调对接，深入校园开展法律法规、食品安全、交通安全宣传，形成了强大的校园安全合力。针对疫情防控常态化的形势，他本着为师生健康负责的态度，一刻不放松防控力度，织密疫情防控网，研究提出了因地制宜、因时制宜的防控措施，坚决守住了校园疫情防线，为师生营造了安全、稳定、祥和的学习、生活和工作环境。

茫茫雪域，情洒囊谦。更尕扎西同志凭着为党为民的坚定信念，用党性筑起了县域校园党建的新高度，用创新攻克教育脱贫攻坚难题，被当地广大人民群众亲切地称为教育公平的"捍卫者"、教育改革的"智多星"和平安校园的"守卫者"。二十余载初心不改，二十余载本色不减，他将继续在教育公仆的岗位上书写一个共产党员为党为民的光辉篇章。

用生命坚守初心　以平凡书写璀璨

——追记果洛州玛多县政协办公室原主任索拉

★索拉（前左一）

　　索拉，女，藏族，1982年1月生，中共党员，大学学历，青海省果洛藏族自治州玛多县政协办公室原主任。果洛州玛多县平均海拔在4200米以上，索拉在这儿一干就是16年，无论在哪个岗位，她总是把全心全意为人民服务作为一切工作的出发点和落脚点，直到生命的最后一刻，她还惦念着联点户和工作上的事情，用生命诠释了"艰苦不怕吃苦、缺氧不缺精神"。2021年,她被追授"全省三八红旗手";2022年,被追授"全国三八红旗手"。

心系人民，用心帮助群众排忧解难

索拉始终把人民群众的利益放在最重要的位置，在玛多县集中精力脱贫攻坚期间，她总是不厌其烦地到单位联点村走访，谁家有孤寡老人生活自理困难、谁家过冬物资还没备好、谁家孩子该入幼儿园了，等等，她总是记得很清。她常常跟同事们说："县上安排联系点，就是把群众托靠给你，有困难想办法解决，只要用心，办法总比困难多。"与她同下村的干部感叹道："索拉总是以心换心地真帮真扶，她看到困难群众就心疼。"

当得知帮扶户秀毛家中孩子考上高中，一时因拿不出学费而发愁时，她主动联系村"两委"想办法，并捐出 2000 元，帮助秀毛的孩子顺利上学。贫困户扎西靠打零工供三个孩子读书，家中没有牛羊，自己也没有任何谋生手艺。在征求扎西意见后，她及时联系房屋装修公司，鼓励扎西跟着学习装修，做木工。她每次下乡都会为扎西的三个孩子送去学习生活用品，几年下来，扎西也学会了木工手艺。他感动地说："索拉就像亲阿姐一样，把我们家的事情挂在心上……"在县政协工作的这些年，她负责落实"沪青慈善牵手果洛行"项目的具体工作，经过不懈努力，该项目被打造成了政协部门联系群众的一个重要窗口。多年来，她采取多种方式筛选受助群众，累计落实扶贫助困项目资金 190.7

万元，使 857 户困难家庭、180 名困难大学生、33 名妇女"两癌"患者、10 名重度包虫病患者受益。

甘于奉献，用情投入抗震救灾工作

2021 年 5 月 22 日凌晨，玛多县发生 7.4 级地震。索拉来不及与家人报平安，就匆忙投入抗震救灾工作中。按照县委部署要求和县政协党组安排，政协干部职工迅速组织前往县民族中学转移学生。抢险救援中，她主要负责物资接收、调配、发放等任务，每天都要忙到凌晨三四点。"很多物资凌晨才能到，她就 24 小时

索拉（左二）

在帐篷里待命，通宵达旦登记发放物资，我们都开玩笑叫她'女汉子'。"玛多县政协党组副书记、副主席万代扎西感慨道。

连续作战让索拉身体虚弱、头痛不止，她只是笑着摆摆手，倒出几粒随身携带的药丸送进嘴里说道："没事，吃个药就好了。"布满血丝的双眼、蓬乱的头发、晒黑脱皮的脸颊就是索拉和很多玛多干部在抗震救灾期间的真实写照。此后一个多月里，她几乎没有睡过一个囫囵觉，总是无怨无悔。在她的笔记本上，密密麻麻地记录着每一笔物资的接收与分发情况、每一个临时救护点的人员和物资数量……正是这样一份责任心，保证了每一批救灾物资被精准无误送达受灾群众的手中。

恪尽职守，用力做好本职岗位工作

索拉的人生格言是"忠诚履职，不负韶华"，工作态度是"把心放在工作上，把工作放在心上"。十几年如一日，她始终保持着刚参加工作时的激情与干劲，踏踏实实对待每一份工作，勤勤恳恳完成每一项任务，从一名普通干部成长为单位部门领导，随着岗位的变化，她的初心更加坚定。

"我能干""让我来""交给我"……这些都是她在工作中的

口头禅，她总是以党性为后盾，以政治责任感为动力，坚持工作高标准，追求工作高质量，圆满出色地完成各项工作任务。因在政协工作时间长、熟悉政协工作，她总是立足本职、率先垂范、恪尽职守、竭诚奉献。面对工作，她从不推诿、搪塞，再困难再棘手的工作，她都毫不犹豫、迎难而上，想在前、干在先。面对县政协各项会务工作，她更是细心准备。她常对办公室工作人员说："开好会是政协工作的基础。"在她细致严谨的要求下，县政协各项会议都进行得井然有序。

面对急难险重任务，她总是主动请命、敢于担责，打头阵、涉险滩、啃"硬骨头"，用行动诠释忠诚、用担当彰显信仰。她常说："说了就要做，做了就要做好！"2021年6月，县政协为加快推进互联网与政协履职深度融合，加强委员履职信息化建设，提出要进行改革创新。她主动请命，和同事反复商量，多方协调争取，终于在县政协四届一次会议期间率先打造完成藏汉双语"委员信箱"履职平台，委员们通过手机扫描二维码，按照设定程序内容，即可实现网上提交提案。针对部分少数民族和农村委员汉字输入较为困难这一问题，她积极协调运营商，推出了"委员信箱"语音输入模式。依托这一便捷平台，县政协的服务效率和水平有效提升，"青海政协""果洛政协"第一时间进行了报道，在省内引起了良好反响。委员履职平台的如期建成运行，是索拉"说干就干，干就干好"工作理念的直接体现，也是她"走在前，做表率"

工作作风的生动诠释！

一直以来，索拉都是家里的顶梁柱，父亲在她 10 岁时因公殉职，此后她一边省吃俭用帮助弟弟妹妹们上学，一边照顾年迈多病的母亲，但作为妻子和母亲，她有太多亏欠。2021 年 10 月 11 日，她跟往常一样在办公室加班，整理需要实地督办的重点提案。晚上 11 点左右，疲惫的她又开始感到阵阵头痛，但她仍然坚持工作，直到身体严重不适才赶回家。也就是在这一天，她晕倒在家里无法起身，被家人急忙送往玛多县人民医院，初步诊断为突发性脑溢血，后又被送至青海省人民医院救治，最终因抢救无效，索拉的生命永远定格在了 39 岁。在索拉有限的生命里，她都在工作岗位上默默奉献，她用生命践行了"不负韶华、不负人民"的初心和使命。

做让党放心的人民好警察

——记省公安厅刑事警察总队刑事科学技术研究管理中心
现场勘查科科长、警务技术四级主任鲁斌

★鲁斌

　　鲁斌，男，蒙古族，1981 年 9 月生，中共党员，大
学学历，医学学士，现任青海省公安厅刑事警察总队刑
事科学技术研究管理中心现场勘查科科长、警务技术四
级主任。鲁斌同志始终以习近平新时代中国特色社会主
义思想为指导，强化理论武装、坚定理想信念、忠实履
职尽责，长期坚守奉献在公安基层一线和刑事技术工作
岗位上，为维护社会公平正义、惩治违法犯罪、保障人
民安居乐业作出了重要贡献。2019 年 9 月，被青海省公
安厅记个人二等功 1 次。

牢记初心尽使命，赤胆忠心铸警魂

"全省公安系统法医物证检验专业领军人物""公安部刑事技术特长专家"……鲁斌身上有很多标签，背后是他的默默付出和对事业的孜孜追求，他始终把对党的忠诚根植于灵魂、熔铸于血脉、落实到行动，时刻把党的事业和崇高的公安工作、维护人民群众的利益放在心中最高位置。

作为一名专业技术人员，鲁斌始终保持着孜孜不倦的学习态度和强烈的求知欲望，刻苦钻研法律知识、痕检方法，不断提升自己的理论功底和技术水平。先后撰写了《青海蒙古族 15 个 STR 位点遗传分析》等多篇学术论文。参与设计的"骨骼粉碎器示范应用"被公安部确定为 2020 年度刑事技术"双十计划"推广项目。作为一名法医，他深知只有沉下身、到现场，才能从纷繁复杂的案件现场中找到蛛丝马迹，进而固定证据、破获案件；只有拥有"钻牛角尖"式的工作韧劲以及对这份工作的热爱，才能在一次次攻难克险，破大案、破要案、破难案中，积累丰厚的专业知识，不断成长和蜕变。多年来，她通过 DNA 鉴定技术，成功破获长期侦而未破的命案积案 33 起。

鲁斌和同事们每天都克服着种种心理挑战，挑战着常人难以承受的心理极限。在全省公安机关法医技术人员严重缺乏的情况下，他几乎参与了全省所有重特大人身伤亡案件的现场勘查和尸体检验，默默地用自己的"辛苦指数"换来基层的肯定和群众的认可。他十六年如一日，不分白日黑夜，奔走于案发现场，通过一线作战，让一个个证据"说话"，让案情水落石出。他以一颗对党忠诚、服务人民的心，肩扛公正天平，手持正义之剑，书写着一名公安刑事技术工作者的忠诚与担当。

抽丝剥茧探迷踪，侦查破案显担当

时至今日，鲁斌已记不清出过多少次惨烈的现场，触碰过多少具冤屈的尸体，正如他所说的："再苦再脏再累，只要让事实还原、让真相大白，为破案提供关键证据，一切都是值得的，都是有意义的。"

2006年9月22日，在"西宁市城东区仁某某被杀案"中，他重新梳理相关物证，克服案件现场物证少、年代久等困难，从微量的现场物证中检验出了嫌疑人的生物信息，使得13年久侦未破的案件成功告破，受到了省级领导的表扬肯定。2022年2月1日凌晨，西宁市湟中区李家山镇发生一起多人被杀恶性案件，鲁斌在现场大量的血迹中提取关键证据，经

鲁斌（右一）

比对成功锁定犯罪嫌疑人李某某，案件仅用 30 个小时就顺利告破。

在为期 3 年的扫黑除恶专项斗争中，他充分发挥专业技术特长，先后在"3·20""6·10""6·26""8·07"等专案中发挥关键作用，出具法医损失鉴定、病理鉴定和物证鉴定 20 余份。特别是在"8·07 日月山埋尸案"中，鲁斌通过现场勘查、尸骨鉴定和 DNA 比对鉴定，最终确认了尸骨是失踪的马某某，进而固定了嫌疑人的犯罪证据，不仅为认定该团伙的黑恶性质提供了重要依据，也为专案的成功告破甚至是全省扫黑除恶圆满收官发挥了关键作用。当地老百姓感觉到横行乡里的恶霸、欺压百姓的人不见了，由衷地感谢共产党的领导，安全感和幸福感不断提升。多年来，鲁斌累计检验案件 3800 余起，为 2700 余起案件侦破提供了依据，无一起案件出现瑕疵、错误。这些用汗水和心血浇灌的数字，是他"为死者言，维生者权"从警誓言的最好体现。

执着追求捍正义，全心全意为人民

"法医，不仅代表着科学严谨，也有着强烈的为民情怀。"鲁斌是这样说的，更是这样做的。他始终心系群众安危冷暖，积极回应群众期盼，用心用情用力帮助群众解决实际困难。

2018 年，全省多地发生攀爬入室盗窃案件，短短 3 个月同类案件量多达 140 余起。鲁斌接到任务后通过现场重建，在不起眼的物证上提取到了嫌疑人的生物信息，及时打掉了一个组织严密的外省籍攀爬入室盗窃团伙，挽回群众经济损失 100 余万元，此后 3 年再未发生过此类案件。心怀为民情怀，全力为困难群众排忧解难。当了解到好多孩子由于没有户口上不了学、享受不了医保这一情况后，他立即上门采集信息，加班加点出具证明，帮助 700 多名无户籍儿童顺利落户。他经常与社会福利院、救助站沟通联系，先后对 80 名遗弃儿童、流浪乞讨人员采集 DNA 信息，使他们顺利纳入社会保障救助体系。在公安部打击拐卖妇女儿童"团圆"行动中，鲁斌主动作为，通过 DNA 技术找回了西宁市城东区 1988 年的苗某等 13 名失踪儿童，为走失儿童家庭实现了团圆梦。

多年来，鲁斌用辛勤付出践行着从警誓言，用扎实功底为各类案件诉讼提供准确依据，默默维护着法律的公平正义和人民群众的合法权益。作为一名共产党员，他始终把习近平总书记向人民警察队伍提出的"对党忠诚、服务人民、执法公正、纪律严明"总要求作为奋斗目标，以更高的标准、更实的作风严格要求自己，时刻为做一名人民满意的好警察而努力奋斗。

战"疫"中谱写青春之歌

——记省卫生健康委员会卫生应急办公室（突发公共卫生事件应急指挥中心）一级主任科员文春莲

★文春莲

　　文春莲，女，土族，1986年5月生，中共党员，大学学历，医学学士，现任青海省卫生健康委员会卫生应急办公室（突发公共卫生事件应急指挥中心）一级主任科员。从事医改工作12年，工作上恪尽职守，始终以人民为中心，主动承担公立医院综合改革这块医改最难啃的"硬骨头"，着力解决群众"看病难、看病贵"的问题。2020年新冠肺炎疫情发生后，作为青海支援湖北护理医疗队联络员，认真发挥职能优势，负责援鄂期间文稿服务、联络对接、新闻宣传以及医疗队100余名医护人员的服务保障等工作，切实为武汉疫情防控贡献了智慧和力量。2020年4月，被湖北省武汉市总工会授予"武汉五一劳动奖章"；2020年5月，文春莲一家被青海省妇联评为"战疫最美家庭"。

担当有为的"急先锋"

她来自青海的土族乡村，有过家人到省城看病就医的经历，深感在青海这样一个医疗资源匮乏的地区群众看病就医不易。在从事医改工作的 12 年里，她研读大量政策文件，积极学习借鉴外地先进经验做法，反复深入基层一线调研，向医护人员寻根问结，认真聆听群众患者看病就医的诉求，虚心请教医院发展的建议，逐步形成了在青海推动医改的思路和方法。

2015 年，当"医联体"还是一个相对陌生的词汇时，她便意识到医联体建设是缓解群众看病就医难的一条途径。在省医改领导小组的支持下，她提前着手梳理改革资料，比对医疗机构发展情况，积极请教专家学者，在互助县对接开展医联体试点改革。在试点过程中，面对县级医院长期人员紧缺、县级医院医生不愿下沉基层、各个乡镇卫生院资源匮乏等困难，文春莲积极与省级编办、人社、财政等部门沟通衔接，协调相关专家到互助县现场办公，逐一破解试点难题。为了让县级医院打消一切顾虑，她一遍又一遍地讲解相关政策和推进方法，逐渐让大家意识到医联体试点改革的重要作用。在她的不懈努力和大家的协同配合下，互助县顺利组建了医共体，实现了"常见病多发病在县内解决、头疼脑热等小病在乡村解决"的新模式，让群众享受到了分级、连

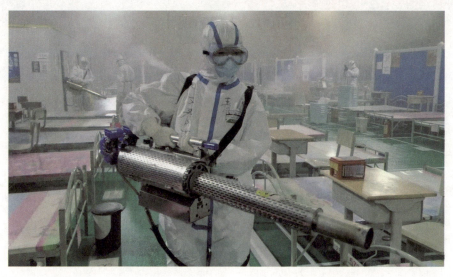

文春莲

续、节约、高效的健康服务。2016 年，国家将互助县列入全国首批四个县级公立医院综合改革示范县之一，改革成效得到了国务院的通报表彰。

互助县试点改革的成功，让她看到了在青海解答医改这个难题的希望，也让她的干劲更足了。此后，她跟同事们齐心协力，在全省范围内推行分级诊疗、先住院后结算医疗服务模式及城乡居民医保省级统筹，组建市县、乡、村四级联动的城市医疗集团……一系列创新举措有效解决了群众"看病难、看病贵"的问题。2021 年，青海在全国综合医改试点省份的评估中位居前列。

坚强的"抗疫战士"

2020 年春节，新冠肺炎疫情突袭，文春莲被抽调至省新冠肺炎疫情防控指挥部办公室综合协调组，面对时间紧、任务重、要求高的巨大压力，她敢于迎难而上，把"家"搬到了办公室，以"严慎细实优"的作风面对每一项工作任务。全身心投入到疫情防控战场上的她，似乎忘记了自己还是 5 岁孩子的母亲，自己已经很久都没有见过孩子。

"在疫情指挥部办公室，我就是负责协调联络工作的，去武汉最合适不过了。"在省疫情指挥部办公室连续奋战了 14 个昼夜后，文春莲接到了担任青海支援湖北护理医疗队联络员的任务。从组织上找她谈话，到成为这支由全省 25 家医疗机构 102 名医护人员组成的第二批支援湖北护理医疗队的联络员，前后用了不到 2 分钟。自此，在疫情肆虐的荆楚大地上，她如陀螺般连轴转、她的身影出现在集中收治确诊患者的洪山体育馆武昌方舱医院、封城后人员集中的武汉"超市"、身体不适的医护人员身边、医疗队需要与外界联系的任何地方，切实为武汉疫情防控贡献了智慧和力量。

凶巴巴的"知心姐姐"

落地武汉后，临时搭建的方舱医院需要马上集中收治近千名确诊患者，医护人员、培训人员没有完全到位，队员是 10 小时内临时集结且大多数没有系统接受过防护培训、缺乏自我防护意识的"新兵"……面对接二连三的困难，文春莲第一时间和领队联系青海支援湖北第一医疗队专业人员，对"新兵"进行一对一的培训考核。援鄂期间，她主动起草制定适应本队特点的工作、生活、学习、会议、纪律等 18 个方面的规章制度，明确行事规则和管理流程，做到了以制度管人、用流程管事。为了让大家尽快进入角色，原本柔弱的她不得不变得"凶巴巴"，"这个细节还得注意""再多练几遍""不行，这很容易出问题"……为了让每一个工作队员都做好防护工作，她总是哑着嗓子不停地叮嘱。

她把制度的刚性和人文关怀的柔情相结合，用爱为医疗队续航。刚刚投入工作的几天里，文春莲每天都能接到 50~60 通电话，有诉说压力过大的、有要调整班次的、有觉得自己可能会出现"暴露"情况的，也有只是想跟她聊聊天的……从此，医疗队又多了一个柔声细语、安抚队员的"知心姐姐"。在队员生日时，她会贴心地协调食堂做一碗"长寿面"，会给原本计划结婚的队员打电话、发信息，宽慰他回去后陪着一起去"娶亲"。她做了一位联络员能做的一切，却唯独没有时间跟自己5岁的孩子打个电话、发个视频，说一声"宝贝，妈妈想你了！"。

文春莲同志一直奔波在改革发展的主战场和疫情防控的最前沿，用实际行动诠释着责任和担当，谱写着一曲无悔的奋斗乐章！

聚人气暖民心　服务群众"零距离"

——记西宁市城西区古城台街道办事处

★古城台街道办事
处组织开展喜迎
二十大系列活动

　　青海省西宁市城西区古城台街道办事处地处商业中心地带，该地是集教育文化、商业贸易、餐饮娱乐、园林绿化、生活休闲于一体的地区。办事处始终树立以人民为中心的发展理念思想，以"人民满意"为最高标准，多措并举开展工作，辖区市容环境、民生服务等一大批难点得以解决，居民的获得感、幸福感显著提升。2019年5月，被共青团青海省委评为"全省五四红旗团委"；2020年11月，被中央精神文明建设指导委员会评为"全国文明单位"；2020年12月，被国家机关事务管理局、国家发展改革委、财政部评为"2019—2020年节约型公共机构示范单位"；2022年4月，被共青团中央评为"全国五四红旗团委"。

强党建、抓队伍，筑牢执政为民的组织根基

　　始终把打造一支政治合格、业务精湛、作风过硬、服务优质的干部队伍作为加强自身建设重要目标。坚持以习近平新时代中国特色社会主义思想为指导，把政治建设放在首位，增强"四个意识"，坚定"四个自信"，做到"两个维护"。办事处先后涌现出全国模范司法所长邹桂海、西区"道德模范"贺文娣等一批先进典型，干部队伍"群雁齐飞、整体进位"，古城台街道党工委作为西宁市先进基层党组织，以"街区扛旗、一呼百应"为目标，吸纳辖区 59 家行政、企事业单位作为区域化"五级联动"党建联盟成员，紧扣"党建＋公益"品牌，释放典型效应。启动"公益有'礼'——古城台街区志愿服务积分兑换"工程，携手党建联盟成员单位完成"爱心储蓄本"等多个"公益创投"项目。2016 年成立至今，哪里水管漏水、哪家电器发生故障、哪家有困难需要帮助，哪里就有党建联盟成员单位的身影，架起了基层党委政府和居民的沟通桥梁。

抓实事、惠民生，居民幸福指数不断攀升

　　近年来，古城台街道持续加大民生投入力度，让创新理念融入每项具体工作中。推行"六到位三服务"民生保障体系，以"四社联动、五级服务"加大对低收入等弱势群体的关心关爱，以"一老一小"为重点，建立"一对一"帮扶机制，解决特殊困难老年人和困境儿童公共服务问题。为不断提升居民群众的幸福感、获得感，街道不断强化小区服务功能，在辖区老旧楼院建成幸福庭院7处，中央厨房1处，爱老幸福餐桌8处，提供集养老、助餐、医疗、文化休闲等多元化的便民服务，打造十五分钟幸福生活圈，辖区受益群众达5000余人。同时，积极引进社会组织，依托街道服务中心开办老年大学"春秋季班"，建立各类文体社团7个，涉及舞蹈、合唱、书法、绘画、古筝等领域，打造了老有所依、幼有所乐的新阵地。自从街道服务中心建成以来，老党员周念邦成为中心的"常客"，他说道："这是办事处为我们老年人办得最好的一件实事，我不光有了下棋的好去处，小孙子也有了娱乐的地方，让我尽情下棋的同时再也不担心小孙子被坏人带走。"

抓安全、促和谐，依法治街迈上新台阶

　　基层治理除了民生保障以外，街区安全更重要。近年来，古城台街道将辖区划分为 4 个大网格 105 个小网格，打造以党员为主体、群众志愿者为基础的 374 名"红袖标"队伍，结合重要节点对辖区 100 余处人员密集的重点区域开展维稳巡逻、文明劝导、矛盾排查、环境治理 820 余次，着力将各类不稳定因素发现化解在萌芽状态。同时，深入借鉴新时代"枫桥经验"，对重性肇事肇祸精神病人，实行"一星期见一面"亲情管控，在管控的同时给予人文关怀帮扶，将不稳定因素化解在萌芽状态。党员李忠新是昆仑路西社区的一名"红袖标"队员，自从 2017 年退伍至今，他利用闲暇时间主动协助社区开展安全巡逻。新冠肺炎疫情暴发以来，他又主动参与疫情防控、核酸检测保障等工作，竭尽全力。像李忠新这样的"红袖标"队员还有很多，他们用自己的实际行动让辖区居民群众安心安神。

古城台街道办事处开展治安巡逻工作

抓治理、攻难点，街区服务水平持续优化

居住环境直接决定了幸福感，尤其是老旧小区居民，实施老旧小区改造，给居民一个整洁、安全的生活环境是党和政府一直关注的民生大事件。同仁路58号小区建于1982年，共有住户285户近600人。小区公共空间狭小，基础设施配套陈旧，安全隐患成为居民"心病"，脏乱差的卫生环境也拉低了小区"颜值"。2020年9月，古城台街道多方联动，先后拆除了147间煤房，改造了水泥地坪，更换了上下水网，打造了"幸福庭院"，安置了健身器材，小区环境变了，居民舒心了。在同仁路58号小区居住20多年的邹大姐，儿子在海湖新区买了新房，让她搬过去

她不肯，说住在这里习惯了，这里环境也好了，哪儿也不去。这仅仅是街道办事处执政为民的一个缩影。近年来，街道下足"绣花功夫"，以精细化管理助推城市形象和市民生活品质不断提升。运用"街长制"城市管理运行模式，严格落实"门前六包"责任，积极推进"宁静城区"建设和"无废城市"建设；持续做好老旧小区棚户区改造和基础设施提升工作，结合"我为群众办实事"活动，建立健全街道、社区群众诉求反馈机制；2021年，为4个"老旧散"楼院实施基础设施综合改造提升，有效解决楼院上下水管网改造、"煤改气"等烦心事30余件；点亮"微心愿"113个，解决"民生微实事"16项，完成"我为群众办实事"实践活动重点项目71项，城市建管水平不断提升。

以百姓之心为心，古城台街道办事处在感情上亲近群众，行动上走进群众，服务上贴近群众，时刻按照习近平总书记"要牢记党的初心使命，为人民生活得更加幸福再接再厉、不懈奋斗"的殷殷嘱托，不断实现人民对美好生活的向往。

排忧解难聚民心　凝心聚力促发展

——记海西州德令哈市柯鲁柯镇人民政府

★柯鲁柯镇组织开展防疫物资发放工作

柯鲁柯为蒙古语，意为"水草丰茂的地方"，是德令哈西部和315线上的重镇。柯鲁柯镇人民政府始终坚持以习近平新时代中国特色社会主义思想为指导，坚决贯彻落实党中央决策部署和省州市委工作要求，紧紧围绕德令哈"1245"发展格局，团结带领干部群众抢抓机遇、真抓实干，推动了全镇基础设施更加完善、乡村更加生态宜居、社会更加和谐稳定、民生福祉更加厚实、基层政权更加巩固。2017年8月，被住房和城乡建设部评为"第二批全国特色小镇"；2021年3月，被青海省爱国卫生运动委员会评为"2019—2021年省级卫生镇"。

求真务实提升服务意识，在改善民生中精准发力

始终坚持把办好群众操心事、烦心事、揪心事作为重要政治任务，党员干部主动走进村民牧户、田间地头，访民情、听民意、解民忧，用心用情用力解决群众"急难愁盼问题"。先后争取省、州资金2.64亿元，实施新村建设、人畜饮水、主干道黑化、广场亮化等项目，改造卫生厕所2231座，新建公厕17座；认真落实大病救助、临时救助等政策，发放各类补助资金443万元；累计输出劳动力6426人次，实现劳务收入5255万元；群众养老、医疗参保率均达到98%以上，全镇小学和初中入学率、巩固率、毕业率均达到100%。

一项项"民生工程"的实施，一个个"民生套餐"的落地，让柯鲁柯镇群众喜在眉间、乐在心间。对此，"网红小吃店"老板汪康宁深有体会，他说道："镇上近几年的变化特别大，尤其是依托浙江援青资金帮扶，倾力打造农垦文化风情小镇后，小镇'一夜暴红'，来旅游的人越来越多，凡是到镇上游玩的人都会去吃上一碗宽粉、一碟卤肉，我们的生意也越来越红火。我坚信，在镇政府的带领下，我们的生活将越来越好。"

多措并举打造绿色乡镇，在生态建设中厚植绿色

　　始终坚持高质量发展和生态环境保护两手抓、两手硬，真正把生态优势转化为产业优势、经济优势、发展优势。全面落实河湖长制，祁连山国家公园（德令哈片区）、可鲁克湖和托素湖湿地保护取得明显成果；积极争取项目资金478万元，补齐环卫设施短板，广泛开展人居环境整治；全面推进国土绿化行动，补植补栽各类苗木4万余株，补植增绿1.1万亩，落实草原奖补资金3541万元，人民群众生态获得感、幸福感得到显著提升。抬头可见蓝天白云，低头能见绿水环绕，全镇处处呈现人与自然和谐共生的良好态势，"青山、绿水、蓝天、净土"已成为柯鲁柯最养眼、最靓丽的绿色名片！

　　提到生态保护，管护员李挺忠最具有发言权。他说道："从野生动物的种类、数量就可以看出生态环境的好坏。以前，可鲁克湖、托素湖生态环境脆弱，近年来通过退牧还湿、退养还湿等措施，可鲁克湖、托素湖水质得到持续改善，湖面常见鸟类增加至137种，出现了天蓝水碧、水鸟翔集的生动景象。"

对症开方巩固脱贫成效，在乡村振兴中实现同富

　　始终坚持把习近平总书记关于打赢脱贫攻坚战重要论述作为脱贫致富制胜的重要"法宝"，认真落实州市脱贫攻坚政策，全面分析建档立卡贫困户致贫原因，设立精准扶贫综合服务中心，为广大群众提供全方位、多领域、立体式服务。2018 年实现高标准、高质量、高水平整体脱贫，建档立卡贫困人口人均可支配收入从 2015 年底的 2970 元增加到 2021 年的 20522 元。把产业发展作为实现乡村振兴的重要抓手，积极培育壮大"柯农人"等新型经营主体，开展村集体经济"破零"工程，其中金原村花卉苗木种植、克鲁诺尔村生态畜牧养殖、乌兰干沟村青稞种植均取

柯鲁柯镇干部走访慰问困难群众

得良好效益，逐步形成"一村一品"发展格局，2018 年至 2021 年村集体经济收入累计达 1153 万元。

浙江省委书记袁家军在德令哈调研期间听闻安康村因村制宜，创新发展思路，通过种植藜麦治穷致富，他协调帮扶资金 70 万元，为安康村藜麦种植业可持续发展注入了强劲动力。全省脱贫致富先进典型代存忠，代表村委会、全村村民为袁家军书记写了一封感谢信，他说道："在您和浙江援青部门的帮助下，我才有发展藜麦产业的机会，通过连续三年努力，我家摘掉了'穷帽子'，过上了富裕新生活……"

创新机制提升治理能力，在共治共享中开拓新局

始终坚持党建统领基层治理，建立"党建＋网格化"管理新模式，依托镇村（社区）综治中心（站）、"网格＋网格员"模式、"雪亮工程"，成立群防群治队伍 13 支 135 人，配备安防装备 720 件，实现人防、物防、技防有效结合。推动扫黑除恶专项斗争圆满收官，累计调处化解土地流转、茬子地等矛盾纠纷 267 件，治理水平不断提升，群众安全感明显增强。持续巩固提升民族团结进步创建成果，深化"七心联创"工作模式，助推民族团结进步事业

健康发展。大力弘扬社会主义核心价值观，发挥 13 个"红白理事会"作用,通过"五星级文明户""好婆婆好媳妇"等评选活动，积极倡导健康、文明、和谐、向上的良好社会风尚。

面对日益完善的乡村治理体系，柯鲁柯镇金原村村民张得珍说道："过去结婚，花费太大，光彩礼钱就近二十万，很多人娶个媳妇就返贫。但自从村规民约修订完善后，明确了彩礼限制性数额，有效破解了这个沉重的现实问题。"

雪域高原的可可西里守护者

——记三江源国家公园管理局长江源（可可西里）园区国家
公园管理委员会可可西里管理处

★可可西里管理处
干部巡山途中

在祖国西部的青藏高原，在被称为"世界第三极"和"生命禁区"的青海可可西里，活跃着一支作风扎实、勇于创新、敢打硬仗、能打胜仗，使"两盗"分子闻风丧胆的公务员队伍，在他们二十五年如一日，风餐露宿、爬冰卧雪、透支体力的严密守护中，可可西里连续12年没有听到过盗猎枪声，境内及周边地区藏羚羊数量已达到7万多只，成为名副其实的"动物王国"。他们在青海生态保护事业上谱写了浓墨重彩的一笔。2018年，被青海省委、省政府评为"青海可可西里申报世界自然遗产工作先进集体"；2019年，被中宣部评为"全国学雷锋活动示范点"。

长江源生态保护的"前哨兵"

25 年来，可可西里管理处在抓班子、抓队伍、抓思想政治建设方面做了大量工作，进一步凝聚思想、凝聚精神、凝聚力量，培养锻炼出了一支拉得出、打得响、素质过硬、充满生机活力的公务员队伍，这支队伍在长江源生态保护工作和可可西里反"两盗"行动中充分展现了过硬的业务素质、突出的工作能力和思想境界，成为长江源生态保护的"前哨兵"。

2016 年 8 月 24 日，6 名主力巡山队员在完成巡山任务返回途中被困，管理处先后派出三批以党员为主的救援组深入可可西里开展异常艰难的救援工作，面对沼泽、泥潭、拦道大河等严酷的环境，持续降雨暴雪的恶劣天气，食物补给的严重短缺，陷车挖车修车所造成的体力透支以及高原反应，25 名队员历经 12 天，顺利完成救援任务，全部安全返回驻地。12 天！这可是在可可西里，其间颠簸散架的身体、极度的高反和对荒野的恐惧，只有巡山队员们知道，但他们依然无怨无悔，因为他们是人民的公务员，既然选择了可可西里，就注定风雨兼程。

为了确保三江源国家公园长江源区域生态资源安全稳定，可可西里管理处严厉打击非法进入保护区的违法活动，每年主力巡山队完成大规模巡山不少于 12 次，各保护站完成巡线巡护 400

可可西里管理处党委书记布周带队巡山

余次，保护了可可西里藏羚羊等珍稀野生动物及其栖息地，保护了可可西里高寒荒漠生态系统和高原湿地生态系统。

藏羚羊繁衍生息的"守护者"

藏羚羊是青藏高原特有物种，我国高原野生动物的代表，属国家一级保护动物，20 世纪 80 年代以来，因巨大经济利益驱使，藏羚羊受到疯狂屠杀，种群数量急剧下降。党和政府十分重视自然生态环境和野生动物的保护，在藏羚羊分布区建立了自然保护区，加强对藏羚羊等珍稀野生动物的保护。可可西里 1996 年被列为省级保护区，1997 年成立保护机构，同年晋升国家级自然保护区。从此，保护藏羚羊的重任扛在了一代代可可西里人肩上。

为了保护好藏羚羊这个可可西里代表物种，可可西里管理处每年 5 月至 8 月最重要的一项工作，就是为藏羚羊迁徙和回迁做好保驾护航。为此，每年 5 月份以后，可可西里管理处安排各站增加巡护人员和车辆，并要求以五道梁保护站为主，各保护站为辅，在大批的藏羚羊陆续经过辖区时，坚持在辖区开展巡护，及时做好短暂的交通管制，让藏羚羊群安全地通过公路，保证藏羚羊在迁徙途中尽量不受人类的干扰。

有一次，主力巡山队来到太阳湖边时，发现一只被秃鹫抓伤、背部正在流血的小藏羚羊后，立即将它救了起来，给它包扎伤口。由于以前没有救护小藏羚羊的经验，队员们面对救起的小藏羚羊犯难了，小藏羚羊还不会吃东西，为了让它活下去，年轻的队员们就像对待自己亲骨肉一样，嚼了饼子喂给它，夜晚搂在自己被窝里睡觉。几天后，小藏羚羊因伤势恶化，生命垂危，队员抱着它去格尔木市人民医院进行抢救，但小藏羚羊的心脏还是停止了跳动。此时，这些在困难面前从不退缩的汉子们都掉下了眼泪，有的还失声痛哭。那次的失败让大家吸取了教训，之后，救护工作就放在索南达杰自然保护站。截至目前，索南达杰自然保护站共救助以藏羚羊为主的各类野生动物 800 多只，放归大自然的藏羚羊有 50 余只。2021 年 7 月 7 日，管理处成功举办了"尊重生命，放归自然"藏羚羊放归大自然主题活动，让 5 只藏羚羊回归到大自然的怀抱。

可可西里坚守精神的"凝聚者"

通过可可西里保护队员二十年如一日的艰辛守护，从藏羚羊成功申报为 2008 年北京奥运会吉祥物，到可可西里成功申报为世界自然遗产地，再到可可西里划转至三江源国家公园……可可西里发展实现了历史性的转变和跨越，成为青海省乃至中国的知名生态保护品牌。25 年的峥嵘岁月，凝聚了一种永载可可西里发展史册的精神，那就是"可可西里坚守精神"，也是这种精神，激励着每一名巡山队员坚定理想信念，为生态保护奉献最美的青春。

一次巡山中，一名老队员突发高山反应，高烧不断，浑身紫肿，呼吸困难，巡山队立即分出一辆车往回送他，至今让大家难忘的一幕就是送回途中，他提起了身后之事，不放心老婆孩子……护送他的队友们暗自流下了眼泪，26 个小时后，他被送到格尔木市医院抢救时已处于昏迷状态。医生说："再晚半个小时，我们就没办法了。"至今，他的身体依然没有完全恢复，经常在山里出现严重不适，现在已从一线巡护撤回到管理处做后勤工作。

可可西里就是一支有着光荣传统和优良作风的优秀集体，无论是过去，还是现在，可可西里都把"抓党建强基础，以党的建设引领生态保护"作为工作理念，把杰桑·索南达杰烈士等身边的先进典型作为学习的榜样，把基层组织作为战斗堡垒，教育引导保护队员在坚守中砥砺前行、增长本领，以实际行动诠释共产党员的铮铮誓言，发扬可可西里坚守精神，为青海生态文明建设做出了突出贡献。

青海卷

第四届青海省『人民满意的公务员』和『人民满意的公务员集体』风采录

辖区的活地图　群众的暖心人

——记西宁市公安局城中公安分局南滩派出所一级警长施雪杰

★施雪杰（左一）

　　施雪杰，女，汉族，1980 年 7 月生，中共党员，大学学历，现任西宁市公安局城中公安分局南滩派出所一级警长。她把社区当成服务群众的大舞台，常年带着一支钢笔、一本民情记事本，走遍大街小巷，为民解"小"忧、帮"小"忙，努力打造"最美社区民警"名片，用实际行动书写着感人篇章，赢得了辖区群众的普遍赞誉和认可。2017 年 12 月，被西宁市公安局记个人三等功；2021 年 1 月，被西宁市公安局记个人三等功。

用"责任心"架起警民连心桥

"善良，有爱心，责任心强"是大家对施雪杰的一致评价。她常说："作为社区民警，只有把自己融入社区中，视社区为家，深入了解家里的每个成员，才能真正把社区公安工作做实做细做好。只有把自己当成家中的一员，投入真挚的感情，才能管理好社区、服务好百姓。"她最大的愿望，就是让辖区百姓感受到党和政府的温暖。

她不仅这样说，还把愿望付诸实际行动。每天工作一开始，施雪杰就奔赴在调解邻里纠纷、入户走访谈心、解决急难愁盼问题、开展宣传教育等零零碎碎的工作中，不论辖区常住人口、暂住人员，还是私营企业、小商小贩，她都了如指掌。她还不断利用业余时间提升政治理论素养和业务水平，把所学转化成晓之以理、动之以情的工作理念，更好地帮助群众解决困难。

细数过往，她帮辖区群众办理了一桩桩小事，化解了一件件家庭邻里纠纷，为群众送上一项项便民服务，把辖区百姓的每一桩小事当成自己家的事。2020年初，施雪杰到某家属院出警，一学生父母嫌孩子学习不用功责骂孩子，导致孩子和父母发生激烈冲突。事情虽不大，但施雪杰耐心劝导孩子长达一个多小时，随后又开导家长，处于青春期的孩子渐渐理解了父母望女成凤的苦心，父母也意识到了自己的错误，最终双方和解。同事夸她工作认真，考虑周到，她只是说："这是我应该做的。"

随着进社区次数增多，本地居民、外地商户都把施雪杰当成老朋友，见面打招呼拉家常、主动反映社区情况。因为她的坚持不懈和细心工作，辖区治安情况明显好转，各类案件数量持续下降，看到她奔波在群众之间，辖区群众就会感到安心、暖心、放心。她为警民之间架起了一座友谊桥、连心桥。

用"满意度"实现人生追求

施雪杰始终把"人民满意"作为一切工作的出发点和落脚点，怀着对党和人民群众的无限热爱，脚踏实地，任劳任怨，竭尽全力帮助群众解决燃眉之急。2015 年，施雪杰在入户走访中发现辖区某小区一位单身母亲租户，带着 13 岁的脑瘫女儿相依为命。原来，这位母亲为了给孩子治病，卖了房子，辞了工作，现在唯一的经济来源便是孩子舅舅每月当保安的 2000 元工资。由于经济拮据，孩子每天的饭只有一袋牛奶、两个馒头，出现了严重的营养不良。了解情况后，施雪杰第一时间向所里汇报情况，并组织全所民辅警募捐了牛奶、鸡蛋、衣物、尿不湿、旧电器等生活用品，自此以后，这样的募捐活动每年都会举行至少 2 次。考虑到仅靠捐助不是长久之计，施雪杰不断帮单亲母亲联系工作，这样边打工边照顾孩子，她们的经济收入增加，家庭生活得到了改善。每次见到施雪杰，她总是眼带泪花："施警官，你就是我们母女的救命恩人，你帮了我们太多太多，真不知如何感谢你！"

辖区某楼院 70 多岁常年坐轮椅的老奶奶和她患有间歇性精神病的儿子，经常由施雪杰帮助联系社区医院，咨询病情，协助治疗，解决衣食住行。老人曾哽咽着说："姑娘，你真是个好人，比亲人还亲！"像这样被施雪杰帮助过的群众还很多，她用群众"满意度"实现了自己的人生追求。

用"需求度"践行初心使命

作为社区民警，每天都会被大大小小的琐事牵绊，只要是力所能及的，施雪杰都会尽全力帮助。辖区有位肇事精神病人，常年在医院治疗，病情好转后想出院，但因没有监护人，一直未能如愿，于是产生了仇视社会的心理，扬言要报复社会。得知此事后，施雪杰多次联系社区工作人员到第三人民医院慰问病人，还不断以朋友的身份，不厌其烦地劝导他，逐渐消除了该居民的负

施雪杰（右一）

面情绪，也及时化解了潜在的安全隐患。

2021年6月，辖区某居民的母亲带着满面愁容找到施雪杰："我听院子里的人都说有事就找你，你能不能帮帮我？"她热心地将老人扶到会议室了解情况，老人伤心地说："我的女儿去世三年了，因为没有死亡证明，一直注销不了户口，你帮帮我吧。"她立即汇报情况，并开展调查，了解到其女儿虽然远嫁外地多年，但一直未迁移户口。得到这条线索，施雪杰及时与当地派出所联系，经多方取证后，终于将户口顺利注销。老人来取户口本时感激地说："闺女，真的太感谢你了，你帮我化解了我心中的痛，你真是我们的暖心人呀！"

用"安全感"提升工作实效

  南滩辖区老旧小区较多，很多道路和基础设施年代久远，施雪杰在排查安全隐患时发现，南山路 14 号院一小煤房年久失修，墙体破裂、房顶漏水严重，租户生活在里面十分危险。于是从 2018 年开始，她坚持联合社区、物业开展清理整治工作，租户清理一批又来一批，施雪杰总是不停地协调物业解决安全隐患问题。2021 年和 2022 年夏天西宁雨水较多，施雪杰总是风雨无阻、第一时间赶往辖区的 14 个小区逐一排查，入户宣讲防汛安全知识，对存在隐患的地段和房屋及时清理整治，有效保证了辖区居民的生命财产安全。疫情防控期间，她工作的身影频繁出现在防控一线，用实际行动为辖区居民撑起了"保护伞"。

  "铮铮铁骨花木兰，为民服务贯始终。辖区情况活地图，大小状况万事通。"这是群众为施雪杰编写的话语。施雪杰怀着对党和人民无比的热爱，踏踏实实、兢兢业业、任劳任怨地工作在派出所和社区岗位上，在平凡的岗位上做出了不平凡的业绩。

新时代的土乡巾帼检察官

——记海东市互助县人民检察院第一检察部主任、
一级检察官李明

★李明（中）

李明，女，汉族，1984年6月生，中共党员，大学学历，法学学士，现任海东市互助县人民检察院第一检察部主任、一级检察官。自2007年进入互助县人民检察院工作以来，她将一腔热血全部洒向检察事业，以坚定的信念和钢铁般的意志，诠释着一名共产党员的无私情怀和人格魅力，向党和人民交上了一份满意的答卷。2021年1月，被青海省人民检察院记个人二等功；2021年4月，被青海省扫黑除恶专项斗争领导小组评为"全省扫黑除恶专项斗争先进个人"。

凭着一股"韧"劲，变身"拼命三娘"

李明工作起来总是废寝忘食，逐渐从一名文静的小姑娘变成了众人皆知的拼命三娘。因为她忙于办案经常忘记整理凌乱的头发，被县里其他单位的人戏称为"刺毛"主任。

胸佩检徽，心有人民。自参加工作那天起，李明就将检察事业作为毕生追求，严格要求自己，凭着一股不怕苦的韧劲勇往直前，用汗水谱写着检察华章。为尽快融入检察机关、适应检察工作，李明始终以力学笃行、知行合一为目标，坚持学习党的最新理论知识，时刻努力做一名信仰坚定、严于自律的检察官。为提高业务素养，她不断钻研，在业务上磨炼和不懂就问的同时，努力学习宪法和法律法规，积极参加国家司法考试，全方位提高自己依法履职的水平。久而久之，她成为大家记忆中下班最晚的那个人，久久为功，她从一名检察新兵成长为一名来之能战、战之必胜的检察标兵，用正义之剑为互助发展保驾护航，营造公平正义的法治环境，提升人民群众的幸福感。

凭着一股"勇"劲，成为"黑恶克星"

　　女子本弱，从检则刚。在扫黑除恶专项斗争中，作为互助县检察院扫黑办副主任，面对涉黑涉恶疑难要案，她都会身先士卒、冲锋在前。三年来，她主动请缨办理涉黑涉恶案件3件60人。

　　2018年9月，在全省第一起提起公诉并开庭宣判的涉恶案件雷某某等7人抢劫、敲诈勒索、故意毁坏财物案件中，她主动提前介入案件，引导侦查取证、固定证据，通过全面、细致地审查，纠正漏诉1人、遗漏起诉犯罪事实1起。对主犯拒不承认指

李明（中）

控犯罪事实的现状，采取逐步分化、瓦解犯罪团伙心理防线的方式，使雷某某在铁证面前当庭认罪，由此打响了全省扫黑除恶第一枪。4个罪名、7起犯罪事实、18本卷宗……在办理以李某为首的恶势力犯罪团伙案时，李明加班加点逐本阅卷，通过详细审查诉讼程序、事实、证据，短时间内制作出长达141页的审结报告。针对李某长期幕后指使他人犯罪，其余犯罪团伙成员不指证、已分案起诉等不利于指控李某犯罪的现状，重新分析案情、开阔思路，最后从共同犯罪、犯罪团伙层级组织、框架结构等方面入手，认定李某为恶势力犯罪团伙主犯，将案件定性为恶势力犯罪后成功起诉，有力地打击了犯罪分子的嚣张气焰。

因扫黑除恶专项斗争工作成绩显著，2021年，互助县人民检察院被授予"全国扫黑除恶专项斗争先进集体"，成为青海省当年唯一获此殊荣的检察机关。

凭着一股"干"劲，练就"全能检察"

从检十四载，无华亦显本色。历经检察工作锤炼的李明，已练就成为能办案、能带兵的全能型检察官。无论是大案小案，李明都努力追求极致。14年来，她办理各类刑事案件413件522人，其中职务犯罪案件 11 件 17 人，重大、复杂刑事案件 81 件 116 人，无一错案。

在一起故意伤害案件的审查起诉过程中，被害人及被害人家属情绪激动，要求检察院"严惩凶手"，李明耐心地给他们讲解相关法律和工作程序，承诺一定会依法办案，还被害人一个公道。由于这是一起发生在公共场所的案件，场面混乱，证人均属流动性人口，且彼此描述各不相同，涉案关键物证未能找到，致使案件的证据比较单薄，不能形成排他性结论。李明为此反复查阅案卷，讯问嫌疑人，细致梳理证据，将证人、犯罪嫌疑人对各个环节的说法逐一摘录、列表，找出证据之间的矛盾和取证方向，并通过补充侦查取证，最终排除了所有疑点，使被告人得到应有的严惩。

办案经验丰富和专业技能过硬的李明，在担任部门负责人之后，不仅对自己严要求，更以匠人之心传承检察薪火，积极发挥"传帮带"作用，主动把自己专业见解和法治理念分享给同事，为检察系统人才培养做出了甘为人梯的奉献，成为年轻同事眼中的"李老师"、法律"活字典"。三年来，她带领部门同事共办理涉恶案件 5 件 49 人，摸排刑事案件 849 件，排查行政治安案件 1767 件。工作中她常告诉新入职的年轻人："对待任何一个案件都不能马虎。因为有些案件看似普通，实则可能会影响当事人的一生！"

从青春年华、初出茅庐，到渐入不惑之年，不变的是李明对检察事业的热爱和执着。她如一株深谷幽兰，将满腔热忱奉献给了热爱的检察事业，把无数个日夜化为脸颊的汗水洒向了案头的卷宗。她用敬业奉献诠释忠诚品质，用执着追求书写赤忱热爱，用实际行动展现新时代土乡检察官的巾帼风采。

扎根孤城写忠诚　为民务实显担当

——记海西州茫崖市委办公室主任、一级主任科员刘臻

★刘臻（右一）

　　刘臻，男，汉族，中共党员，1980年12月生，大学学历，现任海西州茫崖市委办公室主任、一级主任科员。"立志根扎荒漠中，任凭风撼劲不松。"这是一句写给沙漠红柳的赞美诗，也是刘臻同志扎根茫崖的真实写照。15年来，无论社区、乡镇还是机关，所在的每一个岗位上，都有他的坚守与付出，都倾注着他对茫崖的奉献、对群众的热忱。他说："既然选择茫崖，就要义无反顾地走下去。"他用点滴言行和无私奉献，生动诠释着对茫崖这片"地上不长草、风吹石头跑"戈壁滩的热爱。2016年6月，被海西州委、州政府评为"全州'三基'建设先进个人"；2020年6月，被海西州禁毒委员会评为"'2019年度社会化禁毒工作'先进个人"。

讲政治、勇担当，他是无私奉献的"好公仆"

　　刘臻同志是在习近平新时代中国特色社会主义思想指引下成长起来的干部，他总是认真学习党的理论和路线方针政策，对党忠诚、政治过硬，在深刻领悟"两个确立"的决定性意义中接受党性锻炼、增强党性修养，不断提高政治判断力、政治领悟力、政治执行力，勤勤恳恳、默默奉献，用实际行动书写责任与担当。

　　玉树灾后重建时期，他主动请缨到一线出一份力、尽一份心，在玉树州卫生局工作的400多个日夜，他时刻把改善群众医疗条件放在心上，走遍了玉树的45所乡镇卫生院，经常一天要翻数十个山头，多次出现高原反应。2013年2月，他在去海拔4200多米的曲麻莱县曲麻河乡卫生院途中出现头疼、恶心等不适症状，血压、血氧偏离正常值，同行的藏族干部都劝他返回，但他却说："我身体硬朗着呢，调研完再说吧……"在乡镇工作期间，他主动参与草原确权登记工作，精准测量每一亩草场、认真划定每一条界线，有效化解"历史遗留问题"。通下水道、缴电费等这些"鸡毛蒜皮"的小事，让他在乡镇工作的8年时间里成了牧民群众眼中的"大忙人"，他也硬生生从一个地地道道的陕西人变成一个口音纯正的青海人，久而久之，"安达"也就成了他另一个名字。在"我为群众办实事"实践活动中，得知社区一位老大姐家里生活困难，为女儿上学交不上学费犯愁，他第一时间组织干部职工积极捐款，带头捐出 1000 元，助力其女儿顺利完成学业，并为老大姐的丈夫找了一份保安工作。老大姐感激地说："要不是刘臻，俺真不知道咋办，他给俺帮大忙咧！"

提素质，强本领，他是精通业务的"多面手"

"不谋全局者，不足谋一域。"在组织部工作期间，面对基层党建点多面广、烦冗复杂的局面，他翻文件，学政策，找依据，刻苦钻研业务知识，对于支部工作条例、发展党员工作细则等党内法规制度，他都如数家珍，部里年轻同志遇到基层党建"疑难杂症"，都找"刘大哥"。

2018 年撤行委建市，各项任务接踵而来，特别是面临着要召开"三会"，他丝毫没有退缩，接下这项"大活"。从翻阅相关书籍、电话请示咨询到准备会议材料，他一刻没有松懈，夜以继日地工作，吃泡面、睡办公室，到会议召开前，崭新的书籍被翻得胶线脱落，而他的脚已经磨出了血泡、粘住了袜子……这背后的努力最后换来的是会议圆满的成功。他由于长年累月地熬夜，患上了腰肌劳损、肩周炎，经常失眠。

2021 年 10 月担任市委办公室主任以来，他一直秉持着"严慎细实优"的工作作风，从深入开展政治理论学习入手，通过带头参加支部学习、带头讲党课、开展每日集中学习等活动，不断夯实理论根基。从"统筹协调好、参谋服务好、督办检查好"三方面抓起，以精细化为标准，不到一年时间，办公室干部在干事创业精气神、信息撰写编发、办文办会质量等方面取得了较大进步，切实做到了"文交我手无差错、事经我办请放心"。但他的身体却不让人省心，发出告急信号，不得不去做手术。术后，医生叮嘱他静养一个半月后才可以活动，而他在术后十余天又走上

刘臻（右二）

了他"牵肠挂肚"的工作岗位。

守初心，担使命，他是砥砺前行的"奋进者"

初心易得方知重，始终难守更向前。刘臻同志在工作中尽职尽责、任劳任怨，哪里有需要，就往哪里去。疫情期间，他白天忙工作，晚上值夜班，经常是从深夜十二点到早晨八点都忙活在公安检查站，疏导车辆、扫码测温，忙完这头忙那头。他是同事们心中的好榜样，但面对家人，刘臻同志时常觉得愧疚。作为儿子，他不能常伴父母左右，尽孝膝下，父亲手术时没能赶到床前；作为丈夫，他不能与妻子分担家务，贴心陪伴，妻子说他是"在编不在岗、挂名吃空饷"；作为父亲，他无法陪伴女儿成长，给她一个幸福童年，女儿经常抱怨说他"出差"太多，实际上是女儿还在睡梦中他就早早去上班，深夜才回来。舍小家顾大家，他从来没有半句怨言，作为一名共产党员，作为一名基层工作者，他始终保持昂扬向上的精神状态和精益求精的踏实作风，把心放在工作上、把工作放在心上，坚持与身边的同志干在一起、苦在一起、乐在一起，用一心为民的人格力量温暖和感染着身边每个人。

工作是幸福的，奉献是美好的。多年来，刘臻同志时刻以一名合格党员的标准严格要求自己，在平凡的岗位上践行着自己的入党誓词，用一颗赤诚之心塑造着一名共产党员的良好形象，不管身处何种岗位、是何种身份，始终廉洁自律，谨言慎行，自奉俭约，不讲排场、不好面子，以勤廉作风树立了榜样，以勤奋敬业赢得了赞誉。

站在新的起点，刘臻同志注定不会做乘凉者，而是要成为奋进路上的拓荒者。在全面推进乡村振兴进程中，中央绘好了"大写意"，接下来就需要像他一样的广大基层工作者以实干为笔、汗水为墨，勾勒出一幅乡村振兴"工笔画"，把忠诚与担当写在田间地头、写进群众心坎。就像他自己说的那样："鸿渐于木，向新而生，扎根在茫崖这片土地上，让群众越来越幸福就是我向新而生的动力与希望。"

心系群众办实事　真情服务暖人心

——记海南州委巡察组副组长关却卓玛

★关却卓玛（左一）

　　关却卓玛，女，藏族，1974 年 12 月生，大学学历，现任海南州委巡察组副组长。2022 年 8 月调整至新岗位，从事企业登记注册工作 17 年，长期致力于优化营商环境，勇当商事制度改革的探路者。她始终把"暖心服务、真情服务"作为一切工作的出发点，用实际行动维护了人民公仆的良好形象，赢得了广大人民群众的普遍赞誉。2019 年 12 月，被人力资源和社会保障部、市场监管总局评为"全国市场监管系统先进工作者"；2019 年 12 月，被青海省委、省政府评为"青海省改革创新先进个人"；2021 年 3 月，被青海省妇女联合会评为"三八红旗手"。

提升服务温度，争做人民满意的"贴心人"

在每一个平常的工作日里，海南州市监局的服务大厅来往办事群众络绎不绝，但整个大厅和各个窗口的秩序总是有条不紊。每一位群众办完业务出了门，总是眉开眼笑，就算当天的事情没有办成，也不见愁眉苦脸。细数服务大厅里的 23 面锦旗、15 封感谢信……似乎一切有了答案。

"多少年了，每一次办理业务，卓玛科长的服务态度始终如一，总是耐心地帮我办理业务，脸上总是洋溢着笑容。"一位在海南州创业多年的企业负责人来信说。"年轻有活力，对群众的疑难问题总是详细耐心地解答、处理，服务贴心，化繁为简，让人如沐春风。谢谢你甘为公仆、一心为民的表率。"许许多多的群众总是这样评价关却卓玛，她用最温情的服务解决每一位办事群众的急难愁盼问题，让无数办事群众时刻感受到关怀和温暖。

王忠新在山东省青岛市莱西市经营牛肉面馆，受疫情影响，面馆停业后回到家乡共和县。2022 年 6 月，山东省青岛市莱西市市场监管局让他按要求在网上公示年报信息，否则将面临处罚。但是山东、青海两地路途遥远，来回跑不仅耽误时间，而且产生的费用对于停业已久的王忠新来说也是一笔不小的数目。关却卓玛得知这件事后，并没有因为事情烦琐而退缩，而是想着如何尽

关却卓玛（右一）

快解决群众困难，她及时与山东省青岛市莱西市市场监管局取得联系，帮他在国家企业信用公示系统补报了年报，向山东省青岛市莱西市市场监管局网上申请了注销。由于未清税，无法出具清税报告，她又不厌其烦地一遍遍致电莱西市税务、市监等部门。最终，她帮助王忠新跨省办理了年报和营业执照注销，用实际行动诠释了一名人民公仆为民服务的崇高情怀。

　　这样的加急件，关却卓玛不知道办理了多少件，她十七年如一日，设身处地替群众着想，竭尽全力为百姓办事。在她看来，好的做法只有固化为制度，形成好的机制，才能让群众得到更好更长久的服务。她在注册登记窗口创新开展"零推诿、零距离、零积压、零差错"的四零服务工作模式，减少登记程序，压缩企业开办时间。经过多年努力，海南州本级在市场主体营业执照时间、办理环节、全程电子化率三项指标上，位列全省第一。

用心传帮带，争做干部群众的"引路人"

"工欲善其事，必先利其器。"为不断提升业务水平，更好地为群众服务，关却卓玛长期致力于研究钻研商事登记和信用监管相关的法律法规和政策措施，经常性查阅和学习全国各地商事登记改革典型案例、成功经验。

她总是牢牢抓住每一次开阔眼界、学习经验的机会，就像海绵吸水一样，不断为自己充电。在参加全国市场监管专家人才、业务骨干等多次业务培训的过程中，虚心向全国各地专家请教学习商事制度改革中疑难问题的解决经验，并应用到海南州改革实践中。在省市场监管局借调工作的一年多时间里，她主动申请到最忙碌的一线窗口，将每一次业务办理中遇到的难题作为一次学习的机会，在点滴积累中不断增长才干和本领。

长年累月的打磨，她已然成为一名商事登记和企业登记领域的行家里手和业务骨干。省市场监管局举办的业务培训班，多次邀请她为全省商事登记改革、企业登记人员授课，她也会经常通过一些讨论会、座谈会，为全省各级企业登记监管人员答疑解惑、解读政策，一心致力于推动商事制度改革的稳步推进，为提高各级市场监管部门工作人员业务水平做出了贡献。她还经常深入辖区企业，宣讲党的政策，传递党的声音。2021 年，她被海南州委宣传部聘为州级"理论宣讲专家库"入库专家。

勇于探索创新，争做惠民利民的"排头兵"

改革就要敢闯敢试敢为人先，没有一点"冒"的精神，就走不出一条新路、干不出一番好事业。作为注册登记窗口首席代表的关却卓玛，就有一股敢于冒险、敢于试验的勇气。为了让改革新政更多更好地惠及于民。她通过大胆尝试，探索出了一条符合海南州实际的商事制度改革之路。

在很长一段时间里，她一边梳理优化登记注册流程，缩短登记审批时限，一边对登记注册窗口作出调整，增设"多证合一"特色服务窗口，实行"一站式审批"。同时，为了确保群众的申请能及时受理、高效办结，她组织全州注册登记人员多次开展业务专题研讨，不断尝试新的办法。在她的努力和推动下，注册资本实缴制改为认缴制，"一址多照""一照多址""先证后照"改为"先照后证""多证合一""双随机""双告知"。这一系列改革举措第一时间在登记注册窗口推行应用，高效的工作使得越来越多的群众和企业享受到改革红利。

商事制度改革的成功实践，为海南州地方经济发展注入了新鲜血液，特别是海南州本级、共和县企业开办时间压缩至平均1个工作日，全程电子化率 100%，日均新登记市场主体 17 户，州内各类市场主体达到了 32612 户，注册资本 781.63 亿元。在她的带领下，创新建立了"一表二联三定四制"的年报公示机制，海南州市场主体年报连续八年位列全省第一。

一分耕耘，一分收获。2022 年 8 月，关却卓玛调整至海南州委巡察组担任副组长，在新的岗位上，她将一如既往地践行初心和使命，用平凡而又真挚的情感，用逢山开路、遇水架桥的精神和勇气，不断抒写让人民满意的新故事。

忠诚尽责甘奉献　任劳任怨践初心

—记海北州自然资源局办公室主任、一级主任科员祁佐民

★祁佐民

　　祁佐民，男，汉族，1978 年 5 月生，中共党员，本科学历，现任海北州自然资源局办公室主任、一级主任科员。参加工作以来，祁佐民同志始终以饱满的工作热情和忘我的工作作风，立足本职工作，践行着一名公务员的责任和义务，彰显了一名共产党员的初心和使命。2015 年 2 月，被青海省国土资源厅评为"全省第二次土地调查工作先进个人"；2021 年 6 月，被海北州委、州政府评为"海北州民族团结进步模范个人"。

争做工作上的行家里手

长期以来，祁佐民同志坚持用习近平新时代中国特色社会主义思想武装头脑，把学习作为不可或缺的精神食粮，在积极参加集中理论学习和各类培训的基础上，利用职工书屋、网络学习平台等渠道坚持自学，不断提高政策理论水平，积累业务知识，政治的敏感度、思想的境界不断得到提高升华。

他先后参与起草生态环境综合整治、耕地保护、绿色发展等方面重要文稿 80 多篇，撰写工作总结、汇报材料、调研报告等 200 余篇，制定内部管理制度 100 多项，为领导科学决策提供了重要参考，部分调研报告在省、州评比中获得名次，先后获评全州党委系统信息工作先进个人等荣誉。在祁连山南麓海北段生态环境综合整治工作开展期间，主笔起草重要文件 10 余篇，负责组织重大会议 5 次，创新建立"日动态、周报告、月总结、季进度"等工作机制，实现了整治任务可视化、整治进度动态化、整治数据图表化，为生态环境综合整治有力推进贡献了智慧和力量。2022 年门源"1·08"6.9 级地震发生后，他立即陪同局领导赶赴现场，加班加点、日夜奋战在工作一线，因现场办公条件有限，他就用手机整理编发信息 10 余篇，为上级掌握灾情提供了第一手资料。作为办公室主任，对领导批办均能做到及时督促办理，多年来没有出现过任何遗漏和错误，确保了全局各项工作的高效有序推进。面对地震抢险、抗击疫情以及各种突发事件时能冲锋在前，勇挑重担，及时应急处置，有效发挥组织协调和信息传递作用。

尽心竭力解民忧暖民心

祁佐民同志始终凭着对自然资源事业的强烈责任感，凭着矢志不渝的信念和热情，把对事业的忠诚、对工作的热爱熔铸于自己平凡的岗位工作中，无论是面对同事、其他单位的工作人员还是人民群众，他总是把"解民忧、暖民心"作为一切工作的出发点，用点滴言行生动诠释为民情怀。

他的日常工作中，总是这个材料还没写完，新的任务又来了，这个同事的材料刚修改完，那个同事又来找他润色把关。尽管他手头有很多工作，但一有任务，哪怕熬夜通宵也要按时完成，虽然经常加班加点，但他从不叫苦叫累，也从未向领导提出过任何要求，表现出较强的敬业精神。单位编制少，大部分时候科室正式干部只有他一人，一岗多责让他经常牺牲节假日和八小时外的时间，但他从来没有计较过。在孩子需要陪伴的年龄没有尽到一个做爸爸的责任，他深感内疚，但他说："等孩子长大了，孩子一定会支持他爸爸，认可他爸爸的选择！"2019年11月，在一次综合性督查迎检工作中，他坚持连续工作40多个小时，出现晕厥等现象，但他咬牙坚持，最后圆满完成了工作任务。2012年3月至2017年5月，祁佐民作为单位联点村党支部副书记和扶贫工作队员，与群众同吃同住，深入田间地头，挨家挨户调查了解村情民意，宣传党的惠农政策，力所能及地解决村民们在生产生活中遇到的困难和问题，帮助制定科学合理的村集体经济发展规划、党支部各项制度、村规民约等，积极争取项目资金200余万元。特别是在扶贫工作期间，他每个月在村工作25天以上，甚至有

祁佐民（右一）

一年春节未回家过年。他积极建言献策，针对村民收入统计模糊不清的问题，多次协调国家统计专业人员，制定相关表格，被州县扶贫部门认可并使用。在开展各类捐助活动时，他总是积极带头，发挥示范引领作用。2015年至今，他全心全力帮扶联点的一位残疾小姑娘，积极鼓励动员她进行手术治疗和康复训练，效果非常明显，坐轮椅十几年的小姑娘现在已经能够下床行走。期间，他力所能及捐款捐物5000余元，积极协调落实救助资金4万余元，他不怕辛苦、踏实肯干和助人为乐的工作风格得到了村民和乡镇及单位领导的一致好评。

积极化解矛盾促和谐

祁佐民同志以身作则，率先垂范，要求别人做到的首先自己做到。对待同事，他以诚相待，不计较小事，工作上支持，生活上关心，得到了同志们的赞扬和好评，所在科室多次被评为"先进科室""文明科室"。

长期的工作实践，练就了他善于协调解决复杂问题的本领。每一次信访接访、处理土地草场纠纷，他总是动之以情晓之以理，耐心细致地沟通和协调，把诸多纠纷矛盾解决在萌芽状态，为维护海北社会稳定作出了积极贡献。2017 年 8 月，在一次公路征地复垦中，施工方复垦刷坡时增加草场占用面积，这是群众不能答应的，而不刷坡复垦工程就无法验收。面对这个两难的局面，作为政府部门一名公务员，他从大局出发，沉着冷静，既考虑项目的顺利验收，又保障群众切身利益，经多次沟通协调，最终确定利用废料堆砌成斜坡，再覆土复绿。结果双方都非常满意，牧民群众连连称赞，竖起大拇指。诸如此类的事情还有很多，他先后顺利解决处理 20 余起纠纷矛盾。

祁佐民同志就是这样一个踏实肯干又默默无闻的普通公务员和共产党员，在平凡的岗位上践行着初心和使命，用实际行动践行着入党誓词、塑造着"人民满意"的公仆形象。

用生命当好曲麻莱民俗文化的传承者

——追记玉树州曲麻莱县文体旅游广电局原局长、一级主任科员尕松尼玛

*尕松尼玛（中）

　　尕松尼玛，男，藏族，1971年12月生，中共党员，大专学历，玉树州曲麻莱县文体旅游广电局原局长、一级主任科员。从一名普通的乡村教师一步步成长为独当一面的科级领导干部，无论是在三尺讲台，还是作为人民公仆，尕松尼玛始终牢记执教时的初心和使命，尽职尽责，任劳任怨，尽心竭力做好每一件事，为曲麻莱藏族民俗文化传承做出突出贡献，践行了一名共产党人的使命与担当。

渗到骨子里的热爱

"尕松这个人有一股拼劲,真的是干一行、爱一行,最后还能成一行。"这是很多一起共事过的同事对他共同的评价。在近4年的文旅工作中,他凭着对文旅事业的一腔热血,奋战在工作一线,培养和发掘本地文化艺术人才,组织协调各类大小型文娱活动,保护各种非物质文化遗产,推动了曲麻莱文旅事业的蓬勃发展。

在曲麻莱乃至玉树地区有一个十分出名的黄河源土风歌舞团,别看它现在活跃于各类大大小小的文娱活动现场,但它从无到有、从有到发展,可以说是经历了一波三折。歌舞团成立之前,自上而下对文旅事业都不够重视,导致全县文艺人员底子薄、缺人才、水平低,经费更是少得可怜。意识到曲麻莱县文体工作的重要性和紧迫性,尕松尼玛立即奔走于相关部门,争取资金、筹建舞台、购置乐器、聘请老师,在积极协调和多方努力下,歌舞团的雏形渐渐初现。为了配齐配好配优演艺队伍,歌舞团在全县范围招录歌舞人才,按照专业需求对面试者进行现场面试,择优录取,最终黄河源土风歌舞团吸纳了30多名演艺人才。在他的用心经营、细心管理下,歌舞团秉持"深入生活、扎根人民"的艺术初心,走出了一条少数民族地区专业歌舞团传承优秀民族文化、传播民族团结奋进正能量、服务广大基层群众的奋进之路，逐渐在玉树州境内打出名声，成为响当当的品牌歌舞团。

曲麻莱素有"黄河源头第一县"的美称，有着十分丰沃的文化旅游资源。为全力打造游牧文化传承阵地，通过非物质文化遗产保护渠道打通曲麻莱文化之脉，建设文化名城，尕松尼玛多次走访调研并与县政府主要领导多次沟通请示。最终，多处古建筑被列为县级文物保护单位；黄河源头传说、尕朵觉悟传说等被列为曲麻莱县县级非物质文化遗产传说保护传承项目；11名民间匠人被列为县级文化遗产传承代表性传承人，真正打造了有影响力的曲麻莱文化名片。

埋在心底里的坚持

"一个地方要有自己的文化自觉和自信，曲麻莱历史底蕴深厚，可以挖掘的民俗和文化还有很多，让全县人民记住自己的'根'，守住我们的精神家园，这是我的职责所在。"一直以来，尕松尼玛努力和坚持将黄河源头世代草原人民的"游牧文化""艺术文化""牦牛文化"等传承好、展现好、弘扬好。

人民是文艺创作的源头活水。每年中下旬，为践行"艺术来

尕松尼玛（中排左三）

自于人民，必将服务于人民"的精神，他带领黄河源土风歌舞团及文旅局全体干部职工，冒寒暑、迎风雪，深入村（社区），以天为幕布，以地为舞台，开展"文艺轻骑兵、戏曲进牧区"会演，把藏族民俗文化以表演形式送到草原深处的每一个角落，丰富人民群众文化生活的同时，积极传播曲麻莱藏族民俗文化。每次下乡演出，他都与工作人员同吃同住同战斗，对于刚入行的新手总是非常耐心细致地指导。通过几年的下乡演出，他与老乡们结下了深厚的友谊，每到一个村，牧民群众代表都上前迎接，手捧洁白的哈达，为这位老朋友献上吉祥的祝福。在布置现场的过程中，群众更是会自发帮忙，一起搭建舞台，迎接一场艺术盛宴。

2021 年 8 月，在玉树藏族自治州建政 70 周年暨第十二届康巴艺术节巡街表演活动中，为把握好向全州人民群众展现黄河源头藏族民俗文化的机会，尕松尼玛积极承担起曲麻莱县代表演出的各类节目、活动的组织、策划、协调等工作任务。"台上十分钟，台下十年功"，无数个日夜的辛勤付出，换来了结古街头上演的一场引人入胜的精彩演出，赢得了数万观众的一片喝彩，充分展现了曲麻莱人民群众的精神风貌。

刻在生命里的坚强

生命是顽强的，然而有时也极为脆弱。参加工作 30 年来，尕松尼玛始终秉持"坚守初心、忘我工作"的作风，他热爱事业、奋力拼搏，用生命实现了对这方水土清澈的爱和诺言。正如广大干部群众对他的评价："别看个头小，只要认定了，他就会没命地干，是一名真正的人民公仆，也是一名合格的共产党员。"

2022 年是曲麻莱县建政 70 周年，县委、县政府要求县文旅局早安排、早部署，切实做好牵头工作，作为单位主要负责人，他便不分昼夜地筹备工作，从编制实施方案到人员具体安排，从不同类型的系列活动策划再到舞蹈编排等细节，他都精心组织，，亲力亲为。在很长一段时间里，他总是感觉乏力、上腹绞痛、免疫力降低、很容易感冒，在两年多的时间里，时好时坏、症状时轻时重，但他并没有当回事。

2021 年末，他的身体每况愈下，但他依然坚守在工作岗位上。有一次，在筹办玉树藏族自治州建政 70 周年暨第十二届康巴艺术节巡街表演活动过程中，他突然昏厥，被紧急送往玉树市人民医院就医治疗，躺在病床上的他仍不忘节庆工作，将负责人叫过来，询问了解工作开展及落实情况。待身体状况稍微好转后，他便不顾家人和朋友的劝说，再一次拖着病体投入到工作中。2021 年 12 月，一张贴着退烧贴、插着氧气管参会的照片引起了全县各级干部和群众的热议，照片的主人公正是尕松尼玛，然而，在一次会议结束后，他又倒下了。

2022 年 1 月初，积劳成疾的尕松尼玛在家人的陪同下赴成都市华西医院就医。经医院检查，尕松尼玛被确诊为胆囊癌晚期，因治疗不及时且癌细胞严重扩散，已无任何治愈希望。2022 年 2 月 1 日，尕松尼玛永远离开了他热爱的这片乡土，离开了那让他热爱一生的事业，享年 50 岁。"冰山愈冷情愈热，耿耿忠心照雪山。"这句诗是 20 世纪 90 年代初感动中国人物孔繁森所写，简单的 14 个字也正是尕松尼玛一生的写照！

用生命守护黄河源头 用真情践行为民初心

——追记果洛州玛多县黄河乡党委原书记、四级调研员多太

*多太（中）

　　多太，男，藏族，1976年10月生，中共党员，大学学历，玛多县黄河乡党委原书记、四级调研员。作为一名长期奋战在基层一线的党员领导干部，他始终坚持把加强政治理论学习放在首位，把老百姓的冷暖放在心尖，一点一滴彰显着一名共产党员的初心使命，一步一个脚印地践行着一名公务员的为民情怀，他用生命守护着黄河源头，用他的真情践行为民初心，谱写了人民公仆爱岗敬业守护三江源头的最美篇章。2017年5月，被果洛州普法教育工作领导小组评为"最美人民调解员"；2019年5月，被果洛州委、州政府评为抗雪救灾"先进个人"。

用心用力"护生态"

多太始终牢固树立"绿水青山就是金山银山"的发展理念，为更好地保护和修复生态，他多方协调、科学规划，修建了150余里的乡村生态保护公路；充分发挥"六位一体"网格员作用，安排部署出动生态管护员1.5万余人次，对乡域内河流湖泊、主要交通干道沿线等区域进行日常巡护；持续推进全域无垃圾示范县建设，捡拾垃圾80余吨，巡护里程达3万余公里，有效防范偷采偷挖、非法猎杀野生动物等违法犯罪行为的发生。为治理草原沙化，一年里260余天，他不厌其烦地劝导群众、宣讲政策，引导牧民通过减少牛羊数量缓解草场退化，同时争取沙化治理和黑土滩治理等项目。目前，黄河乡治理黑土滩12万亩，沙化修复5万余亩。

在下乡途中，多太经常会发现一些幼小的大鵟从电线杆上的窝里掉出来摔死，一些筑巢在地上的大鵟幼雏和蛋常常会被一些食肉动物叼走。多太想："大鵟是草原鼠害的天敌，能抑制草原沙化，我能不能给它们搭建一个巢穴，幼雏不会掉下来，其他食肉动物也吃不到，还能抑制草原鼠害和沙化。"说干就干，在他的带领下，黄河乡搭建起了120个大鵟巢窝，幼雏成活率达90%。他还将这个方法用到黑颈鹤身上，搭建巢窝16个，成功孵化黑颈鹤 10 只。每次下乡途中，他都会去看看搭建的巢窝，给巢窝里的幼雏喂点水，在他的细心"照料"下，黄河乡的本土鸟类越来越多，新增鸟类有 10 余种。在保护动物的同时，他还充分利用摄影这一兴趣爱好，制作、投稿短视频积极宣传玛多县生态环境，他的作品多次入选青海省摄影家协会举办的摄影展，也被中国日报国际版采用并发表。

抗震救灾"显担当"

长期以来，加班加点成了多太工作的常态，也成为他工作的习惯。就在 2021 年 5 月 22 日凌晨，玛多县发生 7.4 级地震，并发生多次余震，震中距离黄河乡人民政府仅 7 公里。多太同志本着"人民至上、生命至上"的原则，组织全乡党员、干部职工、生态管护员、民兵等迅速投入到抗震救灾工作中。第一时间组织成立党员先锋队，深入到每家每户排查受灾情况，帮助群众开展自救，安抚群众恐慌情绪，积极宣传防震救灾知识，全力做好受灾群众救助工作。曾当过乡村教师的多太，震后最放心不下的就是黄河乡寄宿制小学的 186 名学生，他第一时间赶往现场，不顾个人安危，冒着余震危险，带头冲进学生宿舍，查看是否有遗留学生。当一顶顶帐篷在操场搭建好后，天已微亮，他又带领党员干部搭建灶台为孩子们准备早餐，安顿好学生们后，又带领党员干部搬运物资、向上级汇报灾情，等等。接连几天连轴转地工作，多太和干部们只有在赶往各村查看灾情的路途上才能小憩片刻，吃不上一口热饭、喝不上一口热水已是常态。布满血丝的双眼、蓬乱的头发、晒黑脱皮的脸颊、拉碴的胡子就是多太和全乡干部职工在抗震救灾期间的真实写照。在入户排查时得知一位老阿妈由于行动不便，舍不得家中物品，不愿搬出危房紧急避险时，他一边耐心细致地做老阿妈的思想工作，一边动员群众为老阿妈搭建好临时帐篷，老阿妈在多太同志的一再劝说下终于同意搬出危房，并一个劲地说："共产党的好干部，你们为了我这样一个老太太操劳，瓜真切！"

抗震救灾期间，在多太同志的带领下，黄河乡共排查房屋3000余间，转移安置群众3006人，搭建帐篷400余顶，分发物资12000余件。

服务群众"践初心"

为进一步增强乡党委政府的公信力，多太同志时刻把提升群众满意率、幸福度作为自己开展工作的标准，结合精准扶贫和"我为群众办实事"活动,深入基层走访群众,及时了解群众所需所盼,帮助群众解决急难盼愁等问题。他常常召集班子成员找原因、想办法,用辛苦指数换取群众幸福指数。2019 年,黄河乡 384 户贫困户全部达到贫困户退出标准,并顺利通过国家第三方评估验收,2021 年全乡人均可支配收入达到 10265.78 元。五年来,多太共参与调处各类矛盾纠纷 50 余起,帮助群众解决急难盼愁问题 370 余件,救助孤儿 40 余人,帮助生活困难孤寡老人 40 余人。

2019 年,雪灾导致道路封闭,为及时掌握灾情并进行救助,他不顾个人安危,主动下车用双腿探路,保证了救灾物资的及时送达。2020 年唐格玛村的一位老奶奶患严重腿疾,因家里无力

多太

治疗，只能在家中忍痛受罪，他下乡得知此情况后，立即将老奶奶送往县医院，组织动员全乡干部职工进行自愿捐款，并积极向相关部门申请救助。在他的忙前忙后下，老奶奶得到妥善医治。2021年5月凌晨，乡机关干部丹巴突发急性阑尾炎并有穿孔危险，他得知此情况后顾不上工作的劳累，立即将丹巴抱上车，一边给丹巴家人打电话告知情况，一边往西宁市送，丹巴也因护送及时得到了救治。这样的故事还有很多很多，他就是这样用自己的小"心"温暖着大家的心。

2022年4月16日，多太跟往常一样，前往唐格玛村开展疫情防控、村级道路排查等工作，返回路上途径热格措湖时，看到3只白唇鹿困在湖面。多太立即到附近群众家中借了搭救工具，考虑到两名随行干部不通水性，便独自下水解救白唇鹿，让两位同事在岸边等待。一个多小时后白唇鹿被成功营救，由于天气突变，他未能及时回到岸上，为生态保护事业献出了自己的宝贵生命。

巾帼逐梦守初心　砥砺奋进显担当

——记黄南州河南县委宣传部副部长、县文体旅游广电局党组书记、局长陈敏

★陈敏（右一）

　　陈敏，女，1984 年 9 月生，中共党员，现任黄南州河南县委宣传部副部长、县文体旅游广电局党组书记、局长。2016 年，精准扶贫工作全面启动，河南县作为全省第一批、青南牧区第一个脱贫"摘帽"县，脱贫攻坚任务重、时间紧。鉴于工作需要，调整至河南县扶贫开发局副局长的她，以严谨的工作态度和甘于奉献的品格，辛勤工作，始终把"耐得平淡、懂得付出、努力工作"作为处事准则，力求严谨、细致、求实、创新，扎实有效地完成各项任务。2018 年 8 月，被黄南州委、州政府评为"黄南州脱贫攻坚先进个人"；2020 年 1 月，被青海省扶贫开发工作领导小组办公室评为"2019 年度扶贫系统优秀工作者"；2021 年 3 月，被党中央、国务院评为"全国脱贫攻坚先进个人"。

认真学思践悟，练就过硬真本领

2016 年 2 月，刚从文化系统转任扶贫工作时，她感到茫然，不知如何下手。尚处在哺乳期并分管财务工作的她，深知打铁还需自身硬，必须吃透政策、熟悉业务，才能确保证县扶贫专项资金安全运行。于是，她就把加强理论和业务学习作为刚到扶贫系统的首要也是长期坚持的任务。

不知道多少个夜晚，她哄睡不足半岁的孩子后，就开始挑灯夜读熟记扶贫知识，认真学习省、州、县精准扶贫政策文件精神，极力拓宽扶贫知识的深度和广度，提升自身综合素质。2016 年、2017 年那两年，扶贫开发局所有办公室的灯几乎都是彻夜长明，会议安排部署、整理迎检资料、核算收支数据、填写各类报表与管理手册，每天都有干不完的活。她和所有扶贫干部一起"5+2"、"白 + 黑"，风里来雨里去。在脱贫攻坚期间，她严把扶贫资金管理"高压线"，严格按照扶贫资金管理使用相关要求，做到专款专用、封闭运行。面对扶贫数据多、资金多、项目多的情况，她不急不躁，沉下心，边干边学，为"扶真贫""真扶贫"夯实了资金保障基础。

强化创新意识，推进工作见实效

在获得"全国脱贫攻坚先进个人"荣誉后，她感慨道："很自豪，我在河南县扶贫开发局这个优秀的集体中。这不仅是我个人的荣光，也是对整个河南县脱贫工作的认可，这一殊荣的获得归功于全县脱贫攻坚一线的各级干部，归功于全县 4.3 万人民自强不息的奋斗和努力。"她总是从岗位职责出发，一步一个脚印，为全县扶贫事业贡献智慧和力量。

细数过往，在产业扶持脱贫工作中，由她负责推进村级光伏扶贫项目，经过多方努力，在全省实现了率先并网发电、率先收益分配、率先资产确权"三个率先"，使 16 个贫困村每年每村有 35 万元的村集体经济收入。在金融扶贫工作中，她深入调研，多方取经，积极与金融部门衔接沟通扶贫项目，构建金融扶贫多层次工作联动机制，引入"双基联动"合作贷款模式，健全信贷扶贫机制，与金融部门签订《金融扶贫业务合作协议》，争取落实担保资金 1400 余万元，协调县信用联社累计发放合作社及小微企业贷款 51 笔，累计发放扶贫贷款 5649 万元。针对贫困群众生产技能短缺、务工意识不强的现状，她深入分析培训模式与市场的适应性，2016 年至 2020 年先后组织举办 48 期牧家乐、手工艺品制作等 13 项专业技能培训，培训 2500 余人，进一步拓宽

陈敏（右一）

群众就业方式，实现"造血"。

她总是把群众的事当自己的事、把群众的难当自己的难，用真情实意和务实作风赢得了群众的口碑和信任。贫困户才让扎西比她小两岁，多次主动要求摘掉"贫困的帽子"，又苦于没有一技之长。得知情况后，她一有时间就到才让扎西家中拉家常、问情况，思考突破口。最终，才让扎西参加了"装饰装修"短期技能培训班，有了一技之长后，才让扎西又在她的大力推荐下入职装饰装修施工队。现在的才让扎西自己组建了装修施工队，从一个贫困户完美变身"小老板"。

以责任担当为己任，将奋斗进行到底

2020 年 8 月，组织调整她转任妇联工作，从扶贫工作转到妇联工作，她迅速调整状态，很快适应了新环境、新要求。在妇联工作的一年半时间里，她为两所"巾帼专业合作社"申报低息（贴息）金融贷款；开设家政服务与烹饪类培训班 9 次，近 700 余人参训，很大程度上提高了妇女同胞干事创业的能力；积极对接太平洋保险公司将 6 名"两癌"女性纳入防贫保险范畴，切实减轻患病妇女家庭经济负担。优干宁镇多特村患宫颈癌的南某（已去世）家人，在收到 6 万余元的"两癌"防贫保险补偿金时，热泪盈眶，说不出话来，只是不停地伸出大拇指，一次次地鞠躬。为了做好新一轮《妇女儿童发展规划》编制工作，积极衔接省、州妇联，邀请中国儿童中心、中国发展研究基金会调研组在县域内开展"贫困地区儿童早期发展状况调研""脱贫地区乡村儿童家庭家教家风状况调研"，通过调研，进一步推动家庭家教家风在基层社会治理中的积极作用，并衔接相关妇女儿童产业发展领域项目四项，落实意向资金 400 万，有效夯实新一轮《妇女儿童发展规划》及"十四五"规划的落地实施。

"与海拔比高度，与雪山比纯洁，与风沙比坚韧，与草原比宽阔。"五年的扶贫征程，一年半的巾帼工作，她用奉献与担当谱写生命的华章。2022 年 4 月调任县文体旅游广电局的她，一如既往地坚持以习近平新时代中国特色社会主义思想为指导，加强理论学习，不忘初心，牢记使命，以实事求是的敬业精神、求真务实的工作作风不断拓展思路，积极进取，带着真情、带着责任，奉献芳华和力量。无论今天明天，陈敏同志的脚下，我们听到的，依旧是铿锵玫瑰的悦耳交响。

立足本职践初心　平凡岗位书华章

——记黄南州卫生健康委员会卫生业务科科长、一级主任科员祁芳录

★祁芳录（左一）

祁芳录，男，汉族，1979年2月生，中共党员，大学学历，现任黄南州卫生健康委员会卫生业务科科长、一级主任科员。在卫生健康战线默默奉献24载，始终坚守共产党人的初心和使命，忠诚党的卫生健康事业，把保障人民生命安全和增进群众健康作为根本出发点和落脚点，一心扑在人民群众健康事业上，在平凡岗位上做出了不平凡的成绩，用心谱写了一名公务员爱岗敬业、乐于奉献的朴实华章。2015年3月被青海省卫生和计划生育委员会评为"2012—2014年全省鼠疫防控工作突出贡献者"；2016、2017年，先后2次被青海省委地方病防治领导小组评为"全省鼠疫防控工作先进个人"。

扎根基层，无怨无悔做最美卫健人

多年来，祁芳录同志始终充满激情、任劳任怨，不怕苦、不怕累，脚踏实地扎根基层、植根群众，始终心系群众"看得上病，看得起病，看得好病"的问题，把提高基层服务能力，解决基层基本药物配备、促进基本公共卫生服务均等化、提升基层医疗机构疫情防控能力等作为为人民服务的根本任务，在卫生健康战线上奉献青春。

面对黄南州社会经济发展缓慢、基础薄弱、干部群众思想观念落后等现实问题，他立足实际，牵头编制了全州医疗卫生服务体系规划、健康黄南 2030 行动计划、"十四五"卫生健康事业发展规划等重要文件，合理规划布局全州医疗卫生资源，统筹协调人员、床位等比例，实施县乡村医疗卫生服务一体化管理，5 年来先后对州县乡医疗卫生机构开展各类专业技术培训 70 余期 3500 人，建立健全乡村医疗机构考核管理体系，不断提高基层医疗机构服务能力。

2018 年 4 月，为摸清基本公共卫生服务质量，祁芳录带队到泽库县西卜沙乡，翻越两座大山，徒步 2 个小时来到牧民家中，询问高血压、糖尿病随访记录，儿童疫苗接种和健康管理情况。他曾连续 20 年无偿献血 6000 毫升，还参与支援过玉树抗震救灾。

这样的经历还有很多，他总是把对卫生健康事业的热爱倾注到每一项具体工作中。在他的精心指导推动下，全州规范建立基层医疗机构发热哨点 37 个，紧密型医共体人员、药械、财务实现统一管理，乡镇卫生院中藏医馆建设实现全覆盖，老年人健康管理、孕产妇和儿童健康管理率稳步提高，基层医疗机构基本药物配备率达到 86% 以上，全州人民群众的幸福感安全感不断攀升。

主动担当，专心致志做改革带头人

二十年如一日，祁芳录总是一心扑在推进卫生健康事业发展上，主动承担起了深化医药卫生体制改革的重担。每每提起祁芳录，州市县卫健系统的一线同志们，无不竖起大拇指："他业务能力强、干事利索、直面问题不留情面，面对困难不屈不挠，团结同志、一心扑在工作上，许多工作取得起色和成果，都离不开他的辛勤付出。"

2011 年全州深化医药卫生体制改革工作启动，刚调入卫生局工作仅 1 个月的祁芳录身先士卒，第一时间制定全州医改路线图、时间表。面对医院管理体制和运行机制不完善、医药费用上涨过快等改革瓶颈，他经常面对面与基层干部群众座谈了解实情，带头深挖研讨制约医改工作的难点堵点，积极参与公立医院综合改革、人员竞聘、薪酬制度改革等政策制定和讨论，以高度的敬业精神推动全州医改工作上水平上台阶。

长期超负荷工作，在他身上早早就出现了腰肌劳损、腰椎间盘突出、房室传导阻滞等病症，但他从未因疾病影响过工作，常年身上贴满了厚厚的药膏，工作在哪，药随身带到哪，始终没有任何怨言，在平凡的岗位上默默践行着一个普通公务员孺子牛的奉献精神。5年来，他负责起草了黄南州公立医院绩效考核方案、现代医院管理制度实施方案等100余份政策性文件。在全省率先实施县级公立医院信息化动态绩效考核和乡镇卫生院院长年薪制改革，相关做法得到全省推广，并在全国医改会议上进行经验交流。2019年黄南州公立医院综合改革工作，被省政府评为公立医院综合改革成效明显地区。2021年全州公立医院资产负债率下降至7.43%、医疗服务收入性占比提高至34.43%、人员支出占业务支出比例增加至43%。

不忘初心，勇挑重担做防疫守护人

在新型冠状病毒肺炎疫情中，祁芳录始终牢记习近平总书记

"生命重于泰山，疫情就是命令，防控就是责任"的总要求，冲锋陷阵，担当作为，始终积极面对疫情带来的各种压力和挑战，用铮铮誓言诠释初心和使命，用实际行动践行责任担当，让他胸前佩戴的党徽闪闪发光。

他先后负责《黄南州新型冠状病毒感染的肺炎疫情联防联控工作方案》《黄南州全员核酸检测实施方案》等重要文稿的起草任务，建立武汉返州人员、外省返州人员的健康排查档案，向全州群众发放《新冠肺炎防护手册》等科普资料，规范合理设置全州核酸采样点 277 个，现场培训核酸采样、检测、流调、信息编码等医务人员 826 人次。特别是在 2022 年，面对突如其来的输

祁芳录（后排右一）

入性新冠肺炎疫情，祁芳录主动申领，第一时间深入救治医院、乡镇卫生院、交通卡点、核酸采样点等场所 380 余次，现场指导核酸采样点布置、核酸采样规范操作、发热门诊规范设置、疫情防疫物资配置等，制定下发了《关于切实加强全州核酸采样感染防控质量管理工作的紧急通知》，为全州早日清零贡献了智慧和力量。他常说："我是党员我先上。"在三年的防疫工作中，他总是保持着"冲在一线、冲在最前、一线有我"的工作状态，2020 年更是全系统第一个向党组织递交申请支援武汉疫情。

这就是他，一名普普通通的公务员，在平凡的工作岗位上，践行着新时代"踏实肯干的老黄牛，为民服务的孺子牛，创新工作的拓荒牛"精神，时时刻刻把人民群众的健康放在心上，为更好更优服务全州各族干部群众默默奉献，用实际行动诠释着卫生健康干部的责任和担当。

心怀法治梦想　播撒为民情怀

——记青海省委政法委执法监督处副处长张玉德

★张玉德（右一）

　　张玉德，男，1982年9月生，中共党员，现任省委政法委执法监督处副处长。参加工作十五年来，张玉德同志坚守为民初心，勇担职责使命，在平凡的岗位上默默耕耘，用实际行动践行了新时代政法干部忠诚干净担当的本色，赢得了人民群众的信任和满意。2021年，被聘为青海省委政法委机关法律顾问，并担任省委政法委公职律师。

勇当司法体制改革的探路先锋

"迎难而上，奋楫笃行，勇于探索，敢为人先。"这是张玉德的真实写照。2014 年 3 月，青海省被中央确定为司法体制改革全国六个首批试点省份之一，担负起为中西部地区乃至全国司法体制改革破冰探路的重大责任。时间紧，任务重，人手少，没有先例、没有经验，真正是摸着石头过河。

面对前所未有的困难和挑战，张玉德始终保持"越是艰难越向前"的奋斗姿态，全力投入到改革任务中。自 2014 年起整整 4 年间，他错过了无数次承诺家人的陪伴，时常通宵达旦，几乎没有周末和节假日，始终拼搏在改革一线，和同志们一起破解了一个又一个难题，跨越了一道又一道难关，圆满完成中央和省委确定的重点改革任务。改革工作开展以来，张玉德先后执笔起草了青海省司法体制改革试点工作方案、法官检察官遴选和惩戒办法等 40 余项司法体制改革规范性文件，并参与了大量调研和督导，起草的各类文字材料达 60 余万字。

唯其艰难，才更显勇毅；唯其笃行，才弥足珍贵。在省司法体制改革工作协调组统一领导以及分管领导和处室长带领下，通过张玉德和同志们一起不断探索实践，青海省司法体制改革实现了从"探路先锋"向"蹄疾步稳"的大步迈进，得到了中央政法委和省委的充分肯定，也为全国司法体制改革创造了可复制、可推广的青海经验，先后有 15 个兄弟省区来我省交流"取经"。

用心把信访案件办到群众的心坎上

信访工作被称为"送上门的群众工作"，也被称为"天下第一难"，而省委政法委接访处理的大多是司法程序已经终结、信访诉求长期累积的疑难复杂问题。十几年来，张玉德"听上访人怨声、哭声、骂声，办老百姓烦事、难事、冤事"，从不轻易打发走任何一位上访群众，不论大案小案，他总想着能帮群众一把就帮一把，积极协调沟通，依法妥善处理，化解了一大批重点、疑难信访案件，有效维护了群众权益。

2019 年 8 月，张玉德接访了一位从甘肃来访的七十多岁的老人张胜福。其独生女于 1999 年在青海境内发生交通事故身亡，信访人提起诉讼要求交通管理部门承担赔偿责任，但由于事实和证据问题，案件经多次审理，法院均驳回了其诉讼请求，信访人一直申诉上访。在得知信访人的老伴儿刚刚去世、养女身患严重贫血无钱医治、生活陷入极度困境等情况后，张玉德积极协调相关部门，为信访人落实了司法救助资金，并做了耐心细致的释法

张玉德（前右一）

说理工作。在张玉德积极努力下，信访人理解和认可了法院判决并息诉罢访，持续 20 年的信访积案得到妥善解决。

从事信访工作 12 年间，张玉德接待处理信访案件 3000 余件，接访群众 7000 余人，但无一起案件因接访处理不当被投诉或举报。面对家庭十分困难，甚至无力支付食宿费、交通费的信访群众，他不知多少次自掏腰包提供帮助，一心一意做好信访群众的"贴心人"。

司法救助是推进法治建设、实现公平正义、促进社会和谐稳定的重要举措，是"一头牵着百姓疾苦，一头系着党和政府关爱"的民心工程。2016 年以来，张玉德逐案严格审核各地各部门报送的两千余起司法救助案件，并督促协调政法各单位为 1500 余起案件中的 2200 余名困难群众及时发放司法救助资金，确保每一笔救助资金都能真正用到实处，彰显了司法温暖，促进了社会和谐稳定。为进一步促进司法救助工作依法、规范、高效开展，在张玉德积极协调参与下，我省在全国率先建成运行"青海省国家司法救助管理系统"，实现了政法各部门救助案件在统一的线上平台申报、审核、审批，案件全程实时监督。2022 年，该系统入选"全国政法智能化建设智慧治理创新案例"，并作为参展项目在全国政法智能化建设装备及成果展现场展出。

矢志不渝守护司法公正的防线

生逢其时，重任在肩。参加工作以来，张玉德始终心怀公平正义的初心和梦想，不畏困难挑战、敢于动真碰硬，通过开展政治督察、案件评查、专项调查、执法检查等工作，监督纠正了一批执法司法问题案件，推动执法司法质量和公信力不断提升，为法治青海建设做出了一个法律人的积极努力。

2019 年，张玉德在工作中发现，扎某某于 2005 年在我省某大学就读期间被抢劫杀害一案一直未破，被害人母亲上访多年。

张玉德第一时间将案件向领导汇报，并按照领导批示要求将案件督办公安机关，持续跟进协调。经过集中攻坚，犯罪嫌疑人在省外被抓捕归案，这起 14 年前的抢劫杀人案得以告破。2020 年，张玉德查阅案卷时发现一起故意伤害案可能存在漏罪漏犯、事实认定不清、法律适用不当等问题。经组织评查，省委政法委责成相关政法单位依法启动监督纠错程序，包括案件主犯在内的多名犯罪嫌疑人被抓捕归案并被作出有罪判决。

近年来，张玉德和同事们不断创新执法监督方式，督促政法单位纠正各类瑕疵案件 2000 余件，特别是 2020 年以来对海南州、省公安厅、省司法厅开展政治督察期间，发现并督促整改执法司法突出问题案件 50 余件，进一步筑牢了公平正义防线，同时助力探索出政治督察的一系列青海经验，得到中央政法委领导同志批示肯定。为进一步提高执法监督能力和水平，张玉德在不断加强政治理论学习、筑牢政治忠诚根基的同时，加强法律专业知识的学习，于 2020 年以优异成绩考取上海交通大学法学硕士研究生，通过学习深造进一步提升了专业素养。

助推执法司法规范化水平不断提升

2021 年，全国政法队伍教育整顿期间，在全省政法队伍教育整顿领导小组统一组织领导下，作为顽瘴痼疾整治组骨干成员，张玉德参与并完成了全省政法系统顽瘴痼疾整治的统筹谋划、协调推进、督办落实以及相关文件起草等各项工作，推动执法司法顽瘴痼疾整治工作不断走深走实。一年来，张玉德和同事们勠力同心，坚持分类施策、靶向治疗，严格督促指导政法机关全面有效整改了违反防止干预司法"三个规定"、违规违法"减假暂"和"有案不立、压案不查、有罪不究"等执法司法顽瘴痼疾问题，有力促进了严格规范公正文明执法司法。同时，坚持顽瘴痼疾整治与规章制度建设同步推进，督促指导全省政法机关扎实推进执法司法领域规章制度"立改废释"工作，初步形成具有青海特点、符合行业规律的制度体系。

2021 年 6 月，张玉德参与某起中央挂牌督办案件调查期间，根据专案调查组的安排部署，连续 4 个月封闭在办案点开展工作，体现了强烈的责任担当和良好的法律素养，为圆满完成专案调查工作发挥了关键作用，专案调查工作质量和效率得到中央督导组、省委领导充分肯定。但令他感到愧疚的是，年迈的母亲骨折住院自己未能前去陪护，年幼的孩子全靠怀孕的妻子一人照料。此项任务完成后，他又奔赴政治督察、专案评查等维护公平正义的新"战场"。

"挥法律之利剑，持正义之天平，除人间之邪恶，守政法之圣洁"，这是张玉德初入中国政法大学时的入学誓词。大学毕业后，他将这铿锵有力的二十四个字作为职业生涯的灯塔，放弃在条件优渥的一线城市工作的机会，回到他热爱的故土，从基层政法单位干起，一步步成长为一名优秀的政法干部，在党委政法委执法监督这个舞台上，一点一滴地播撒着一名普通共产党员的法治梦想和为民情怀。

以人民满意为遵循　筑牢司法为民根基

——记海南州同德县司法局

★同德县河北司
法所开展人民
调解员培训

　　在青藏高原东北部"宗日圣源、净秀同德"的雪山脚下、草原深处，有一支调解万家事、共担万人忧的司法行政队伍，这就是同德县司法局，他们以人民满意为遵循、以法律法规为准绳、以真情实意为根本，无数次深入基层苦口婆心地调解，成功化解了数不清的矛盾和纠纷，让各族群众像石榴籽一样团结在一起，司法为民的根基牢牢扎在了同德地区。2019年11月，被省委全面依法治省委员会守法普法协调小组评为"全省'七五'普法中期先进县"；2019年11月，被省委全面依法治省委员会评为"青海省法治文化建设示范点"；2019年11月，被司法部评为"全国人民调解宣传工作先进集体"；2021年12月，被海南州委全面依法治州委员会评为"2016—2020年度全州普法工作先进集体"。

攻坚克难、化解纠纷的排头兵

近年来，同德县司法局众志成城，集思广益，不断总结经验，转变矛盾纠纷调解方式方法，大胆探索县、乡（镇）、村（社区）综合协调、多元共治、社会共同参与的矛盾纠纷三级排查化解工作格局，成立了"三级联动＋三维联调"矛盾纠纷联调服务中心，打造藏族传统文化中寓意平等友爱、互尊互爱、和睦相处、团结尊老的"和睦四瑞"品牌调解室，通过多年的努力，调解成功率常年保持在98%以上，人民调解工作也更加贴近人民群众，更加合乎法理和情理。

2021年，同德县司法局人民调解工作人员收到长达26年经多次调解未果的草山纠纷案件后，立即组织成立矛盾纠纷调处工作小组，坚持以理服人、以法育人，对双方当事人普某某、许某某进行法治和道德教育，通过实地丈量调查，确定了普某某承包了阴阳两面三块地的事实，掌握了当事人实际情况和相关证据，划清草山界线，让普某某自觉认识到自己的错误，圆满解决了草山纠纷案件。类似的矛盾纠纷，同德县司法局调处了很多很多，久而久之，同德县司法局人民调解工作人员成为当地农牧民群众的"主心骨、知心人"，谁家两口子发生争执、妯娌不和、与邻居发生有隔阂、存在矛盾纠纷，等等，都愿意找他们评评理，也正是因为解决了无数群众的"忧心事、烦心事"，同德县司法局渐渐地成为同德地区化解矛盾、调解纠纷、攻坚克难的排头兵。

默默奉献、维系安宁的守护者

同德县司法局严格对标对表上级部门对社区矫正工作的部署和要求，严把材料交接、信息录入等关口，严格执行严管、宽管、普管工作规定以及进入特定场所、外出、居住地变更等逐级审批程序，利用矫正监督管理信息平台，及时掌握矫正对象动态行踪，有针对性地进行教育，引导矫正对象认罪悔罪，端正服刑态度，做到时刻警醒、心有敬畏、言有所戒、行有收敛，时时刻刻捍卫同德地区的社会和谐稳定。

多年来，他们坚持心换心教育、阳光式监管、社会化帮教，从源头降低社区矫正、安置帮教人员再犯罪风险，从"心"做起，因人施教，坚持"每月一谈话"制度，以"日查轨迹、周闻其声、月见其人"为目标，充分利用信息化手段和实地走访掌握矫正对象动态行踪，从严管控社区矫正对象外出管理，在重大节假日实行"日报告"制度，累计接收社区矫正对象 160 名，累计解矫 143 人，年均组织矫正对象开展社区矫正纪律专题学习、警示教

同德县司法局工作人员开展"法律进工地"活动

育等 240 余场，做好安置帮教人员管控成为司法局社会治安综合治理的重要内容。司法局干部队伍更是一个锲而不舍守初心、全力以赴担使命的集体，先后涌现出了全国模范司法所长周措吉同志、全省优秀共产党员尤拉才让同志等先进典型。2022 年，同德县一名家庭困难的社区矫正对象因病去世，司法所工作人员得知消息后立即向县局进行了汇报，及时与乡镇民政部门进行协调衔接，争取了临时救助金 4655 元，丧葬费 3000 元，缓解了矫正对象家庭的困难境况，为守护一方安宁作出了表率。

脚踏实地、执法为民的敬业者

同德县司法局充分发挥乡、村（社区）两级公共法律服务阵地作用和一村（社区）法律顾问力量，通过设立村（社区）法律服务岗、在线解答等方式，提供了"覆盖全域、功能完备、便捷高效、普惠百姓"的公共法律服务，打通了当地群众法律需求的"最后一公里"。

多年来，在"法律十进"活动、"中央一号文件宣讲"、"换届选举"等重要时期、重要节点，司法局组织当地农牧民群众开展了村民委员会组织法、选举法等法律知识，惠民利民政策法规等的学教活动，年均开展大型法治宣讲 30 余场次，全县 23 名法律顾问参与修改村规民约、代写法律文书、解答法律咨询和人民矛盾调解，当地人民群众对公证需求不断提升。2021 年 8 月，同德县公共法律服务中心收到一起援助案件，要远赴果洛州玛沁县人民法院开庭。中心立即安排了援助律师，援助律师不辞辛劳，连夜赶赴案件发生地。果洛州玛沁县到同德县路程每次往返都近 1000 公里，途中部分地区海拔在 4000 米以上，这对于内地援助律师是一种考验，但援助律师一心想着案件，一心考虑着如何更好地维护受援人的合法权益，最终援助案件得以成功解决。受援人热泪盈眶地向法律援助中心工作人员说："你们是真的为人民群众服务，不远千里、不怕高海拔、不辞辛苦奔波好几天，免费为我们打赢了官司，我们非常感谢，特送锦旗以表谢意。"

同德县司法局立足本职，发挥了责任担当，守住了初心，践行了使命，营造了干部队伍互学互助互融的良好风气，不断推动同德县社会综合治理和依法治理再上新台阶。

全心全意当好东川人民的守护者

——记海北州门源县东川镇人民政府

★东川镇干部深
入牧区宣讲省
第十四次党代
会精神

　　巍巍祁连山下，滔滔浩门河旁，置身东川这颗"花海明珠"，美景如画、产业兴旺、生活如诗，东川镇党委与2万余名干部群众一道，信心满怀、斗志昂扬，将"人民满意"作为经济社会发展的最高标准，在推进新时代公务员队伍建设上做足文章，全心全意当好人民群众的守护者。2019年12月，被司法部评为"新时代司法为民好榜样集体"；2020年3月，被青海省妇联评为"青海省城乡妇女岗位建功先进集体"；2020年12月，被海北州委、州政府评为"海北州民族团结进步事业先进乡镇"；2021年6月，被海北州委评为"全州先进基层党组织"；2021年11月，被海北州精神文明建设指导委员会评为"2018—2020年度文明村镇"。

为民解忧的"知心人"

一直以来，东川镇党委、政府准确把握农牧区矛盾纠纷新形势，充分发挥人民调解维护社会和谐稳定"第一道防线"作用，创新人民调解组织形式，组建成立了由老党员、老干部为调解员的东川镇"365调解室"，调解室在调处矛盾纠纷、维护社会稳定、促进经济发展等方面发挥了重要作用。

"365调解室"由镇政府统一管理，镇司法所所长、派出所所长兼任调解业务指导员。他们面对的是民生问题，是群众的诉求，无论是僵持的邻里纠纷，还是激化的婚姻矛盾，他们始终用法律知识的深度、以情感人的温度，用爱心和耐心履行调解为民的神圣职责。他们的身影，无论刮风下雨、风吹日晒，365天，总是忙碌于村社，奔波于田间地头，服务于每一个有困难的群众，挂在坐班室里的一面面锦旗，就是老百姓对"365调解室"的最高赞誉。

2021年3月14日，"365调解室"接到多名群众反映，香卡村脱贫户马某某经常无故辱骂隔壁邻友，在赶赴马某某家的途中，调解员拨通了香卡村党支部书记的电话，详细询问其情况。经了解，马某某患有精神疾病，但一直未治疗。调解员到达马某某家后，一边耐心地劝说马某某，一边安抚左邻右舍的情绪。鉴于马某某的特殊情况，调解员及时向镇党委、政府作了汇报，为了从源头上真正解决问题，镇党委、政府协调联系县卫健局，将马某某送到省精神病医院进行治疗。经过"365调解室"调解员们的不懈努力，镇党委、政府的积极协调，从县民政局争取到临时救助资金15192元，加上低保报销，解决了马某某的后顾之忧。经过长达4个月的治疗，马某某病情一天天好转，他送的那面"廉明高效显公正，依法调解为人民"的锦旗彰显的正是"365调解室"背后的为民情怀。

经过三年多的运行，"365调解室"已成为东川镇矛盾纠纷化解的重要力量，进一步搭建了党群"连心桥"，化解了群众"千千结"，赢得了党委政府和人民群众的认可和信任，成效明显。东川镇"365调解室"累计接待群众来访1200余人次，调解各类矛盾纠纷359件，调解成功354件，调解成功率高达98.6%。2021年东川司法所司法部被评为"全国模范司法所"，被青海省司法厅评为青海省"枫桥式"示范司法所。

群众满意的"贴心人"

"哪里有群众呼声，哪里就有我们的身影！"这是东川镇全体公务员常挂嘴边的一句话；"哪里有群众诉求，哪里就是我们的办公现场！"这是东川镇全体公务员常有的工作状态。

2022 年 4 月 29 日早上，东川镇政府接到了一通特殊而紧急的电话，因连日降雪，造成在甘青两省交界处放牧的 12 户牧民受灾，2350 头牦牛被困，受灾牧民请求政府支援。接到求助的第一时间，东川镇党委、政府立即启动应急预案，迅速成立了应急分队，踏上了抗雪救灾的征程。寒冷依旧裹挟着高原大地，强风、暴雪、高海拔的恶劣气候，加之山路崎岖，满载饲草料的车辆艰难前行。屡次陷车，不断冲雪，车拉人推，五次三番，他们顶风冒雪前进 180 多公里，终于成功将 8 吨饲草投放到放牧点。身穿党员先锋队红色马甲的应急小分队成为银装素裹的世界里最美的"逆行者"，雪地上留下的深深的脚印，是对百姓的一份份牵挂，是一缕缕温暖的情怀。

东川镇组织开展"光荣在党 50 年"纪念章颁发仪式暨"百年风华"主题党日活动

民生无小事，枝叶总关情。东川镇将人民群众放在第一位，争当群众"贴心人"，致力于打造"幸福大院"、实施农牧民居住条件改善、硬化路扩建提升、村庄面貌提升等一件件看得见的民生工程；倾力做好灾后安置、盘活文化活动场地等一项项解民忧、纾民困、暖民心的民心工程，换来的是人民群众的一次次满意点赞。

振兴乡村的"领路人"

无论是全镇 462 户 1569 人脱贫摘帽创造的东川奇迹，还是门源县"1·08"6.9 级地震中的无数个不眠夜……近年来，东川镇政府为利用好丰富的生态资源，稳住乡村这个基本盘，当好父老乡亲致富道路上的"领头雁"和"领路人"，在"一方水土养一方人"变成"一方水土富一方人"上想尽办法，注重打造一支懂乡村、爱乡村、爱农民、本领过硬的干部队伍，在因地制宜谋划产业上下足"绣花功夫"，积极探索出了一条实实在在的富民新路子。4 年间，镇农牧民人均收入从 2018 年的 11830.56 元增长到 2021 年的 14771.69 元，同比增长 24.86%。

2022 年 6 月 4 日，端午节过后，东川镇寺尔沟村党支部书记、村委主任乔德清同志带着致富带头人的使命，又一次开着他的小皮卡踏上了收购牦牛毛的征程，他的足迹踏遍了门源及周边县市的山山水水。风餐露宿、栉风沐雨，但他乐此不疲，因为后备厢里"驮"着的是乡村振兴的致富梦。40余吨"干货"让寺尔沟20余名留守妇女找到了"干头"、尝到了"甜头"，以冯有萍为代表的乡村能手们对牦牛毛进行精细分类，对"黑白花"牛毛精挑细选，并按要求分批装袋，将其作为假发制作的原材料，运往河南、山东等地。能干的妇女每人每天收入200元以上，普通妇女每人每天收入100元以上，真正实现了从"输血"到"造血"的有效转变，保障了村民的"钱袋子"，拓宽了村民的致富路。

站在新起点上，俯瞰东川大地，在乡村振兴的路上，东川全域乡村人居环境持续改善：生活垃圾及时收运、卫生户厕逐渐普及、村容村貌持续提升。产业发展持续向好：香卡村军民共建产业园香菇草莓混种产业、却藏村黑驴养殖基地、麻当村鱼儿山景区等为发展壮大村集体经济注入强劲动力，实现了产业培育、乡村旅游、人居环境改善有机结合，使乡村振兴既有"面子"更有"里子"。

将初心融入血脉，把使命扛在肩头。东川镇以全体公务员的真情厚意，交出了一份有情有义有温度的"人民满意"的答卷。

用心做好城市管理的"后勤员"

——记玉树州玉树市城市管理综合行政执法局

★玉树市城市管理综合行政执法局开展岗位大练兵活动

　　站在玉树市当代山举目四望，从废墟到新城，一座布局合理、功能齐全、设施完善、环境优美的高原现代化城市矗立江源玉树。灾后重建以来，玉树市城市管理综合行政执法局坚持以人民群众日益增长的美好生活需求为导向，以"人民满意"为目标，高起点、高标准开展城市管理工作，努力打造一支政治坚定、作风优良、纪律严明、廉洁务实的新时代城管执法队伍，全面提升城市治理现代化水平。2018年2月，被青海省爱国卫生运动委员会评为"省级卫生单位"；2020年9月，被玉树州委、州政府授予"玉树藏族自治州劳动模范集体"称号；2021年4月，被玉树州精神文明建设指导委员会评为"2020年度玉树州精神文明建设工作先进集体"；2021年6月，被中共青海省委评为"全省先进基层党组织"。

以超前理念实现城市面貌大变样

走出地震的阴霾，迈着"绿色感恩、生态报国"的步伐，玉树儿女已经走过了十二个年头。玉树市城管局肩负历史和时代赋予的使命，以全新的城市管理服务理念为引领，经过多年不懈努力，让城市面貌发生了翻天覆地的变化。

作为习近平总书记牵挂的城市，玉树牢记着"健康、现代、幸福"的殷殷重托，城市管理就像绣花一样精细。几年来，玉树市形成联创共建、综合执法、智慧管理、市民自治"四位一体"的城市管理长效机制，实施智慧城市建设工程，构建了集"人、地、物、情、事、组织"等管理要素为一体的信息化、智慧化管理体系；成立玉树市城市管理综合行政执法局，将城市规划、市政公用事业、国土资源等行政执法资源集中整合，形成了新的城市管理综合执法模式；持续完善社区居民公约、社区社会治安、社区卫生环境等方面的自治措施，社区"网格化"管理有力有序有效，从根本上实现了由"传统"向"现代"的转变。

漫步结古街头，城市霓虹闪烁、车水马龙，"四横十六纵"交通布局高效便捷，市民骑着共享单车感受着方便与快捷。康巴艺术中心、格萨尔广场、行政中心、游客集散中心、博物馆等标志性建筑傲然挺立，城市综合服务功能整体实现大提升、大跨越，从"环境美、家园美"到"人文美、心灵美",从社区"创文明"到牧区"新生活",从朴素"自然观"到文明"生态观",从根子上加快了由"牧民"向"市民"的转变。

以人民满意度树立城市管理新形象

"以前害怕过马路,尤其是雨雪天。现在不一样了,宽敞的柏油马路,四通八达的公交车,还有十字路口的文明劝导员,别提有多方便了。"这是玉树市民的切身感受。多年来,玉树市城管局始终把人民群众的获得感和满意度作为一切工作的出发点和落脚点,解民忧、办实事,以过硬的政治素质、优质的服务水平践行好全心全意为人民服务的宗旨。

为有效加强城市管理,优化人居环境,改善城市生态,美化城市面貌,玉树市城管局有针对性地提出了"绿色发展、和谐发展、跨越发展、智慧发展"的思路和"宜业宜居宜游宜人"的工作目标。走进"智慧玉树"服务大厅,点击进入信息化的"智慧玉树"服务平台,在玉树"天眼"工程的帮助下,市区所有的市政设施、环境卫生、城市照明、道路桥梁、公共交通、户外广告等情况一目了然,一个手机按键就能享受贴心服务,一则留言就能办

玉树市城市管理综合行政执法局开展主题党日活动

成急于解决的事情，一条微信就能让突发事故及时得到处理。以 2021 年为例，全年对局下属各公司、各中队下发工作督办 347 起，信息指挥中心受理事件 277 起，便民服务热线受理 8 起，办结率达 95%，全年群众满意度达 100%。

近年来，玉树市城管局坚持把"打造民生城管"的理念化作实际行动，将服务、管理、执法融为一体，创新打造出七分服务、两分管理、一分执法的"721"工作体系，用柔性服务促进中性管理和刚性执法，24 小时值班，逢年过节不打烊，始终坚守岗位；用心用情用力守护扎曲河畔环境卫生清洁，巴塘滨水路整治效果提升，上门服务为市民解决供水供气难题；用最快的速度建设行业标杆——无公害结古生活垃圾填埋场，用最有限的资源推进垃圾分类填埋场整改；全员出击，在全国文明城市、国家卫生文明城市创建中从点滴做起，扎实抓好市容市貌、环境卫生、污水垃圾处理、市政维护等工作；推行急事急办、特事特办，对达到审批条件的施工单位实施"即审、即批、即办"，真正做到为企业解难题，为群众办实事……点滴付出汇聚在一起，促进如今城市管理事业蒸蒸日上、城市形象越来越好、人民群众满意度越来高。

以科学管理推动城市管理加速度

无论是晨曦初露的清早或是华灯初上的傍晚，在绿树掩映的玉树州康巴艺术中心、格萨尔广场，人们或跳着锅庄，或慢跑健身，享受着城市发展带来的惬意；街道社区里，尊老爱幼、其乐融融；道德春风处处涌动，善行义举层出不穷，文明城市创建蓄势待发……玉树市城管局充分发挥中心城市的引领、示范、支撑、服务作用，全力打造"高质量管理、精细化管理、智慧化管理"的科学管理模式，持续推动玉树城管管理快速发展。

按照国务院关于玉树市灾后重建"高原生态型商贸文化旅游城市、三江源地区及青藏川接壤地区的中心城市、涉藏地区城乡一体化发展的先行地区"的功能定位，玉树市城管局深入挖掘城市发展潜力，提高城市品位，通过智能化、数字化、信息化城市公共服务体系建设，逐步将城市神经末梢延伸到乡、村、社区和生产生活多领域，让城市对市民的"感知"变得越来越灵敏，让城市"服务"变得越来越贴心。2022年初，玉树市城管局以"环境综合整治""洁城行动""全域无垃圾专项整治"和"城市微治理"为纽带，进一步加强市区巡查力度，采取人员定岗与车辆巡逻相结合的方式，坚持每日对城区主次干道进行监管，实现了"城市管理难题顽症有效破解、城市环境秩序明显改观、市民群众满意度和获得感明显提升"的目标；禁塑减废工作中逐步走在了全省前列，也为玉树周边地区积累了可参考、可借鉴的有益经验。

寂寂无闻守阵地　艰苦卓绝护生态

——记中共玉树州治多县索加乡委员会

★索加乡全体干部职工集中收看党的二十大开幕会

　　索加乡平均海拔4838米，地处可可西里国家级自然保护区境内，位于长江源头的通天河流经全乡，特殊的地理位置和艰苦的自然环境，造就了索加乡独特的生态环境，也造就了一支寂寂无闻、甘于奉献、艰苦卓绝、敢打硬仗的公务员队伍，他们始终秉持"缺氧不缺精神、艰苦不怕吃苦、海拔高境界更高"的工作作风，用心用情用力守护着可可西里和长江源头的生态环境和野生动物，生动谱写了一曲"服务人民，保护生态"的赞歌。2022年5月，被共青团玉树州委评为"全州五四红旗团委"；2022年6月，被玉树州妇女联合会评为"玉树州巾帼建功先进集体"。

可可西里坚守精神的"发源地"

　　索加乡位于可可西里境内，高寒缺氧、环境恶劣。多年来，涌现出了一批以杰桑·索南达杰、日沙周乐等同志为代表的公仆队伍，他们对党忠诚、心怀人民、勇于牺牲、敢于奉献，常年扎根在这片土地上，拼尽全力开辟新家园，成为可可西里坚守精神的源头活水，激励着一代代索加乡的干部奋力坚守、艰苦奋斗。

　　高寒高海拔的可可西里，拥有丰富的野生动物资源，是高原野生动物基因库。20世纪80年代末，贪婪的盗猎者开始踏入这片净土，藏羚羊遭受了前所未有的大规模盗猎，数量从20万只锐减到不足2万只，被列为国际濒危物种。面对可可西里的生态危机，可可西里和三江源生态环境保护的先驱索南达杰在县委、县政府的支持下，于1992年7月成立了旨在管理和开发可可西里的治多县西部工作委员会。"只要有一口气，就要为人民的事业奋斗不息！"这是国家环保卫士索南达杰立下的誓言，为守护一片高原净土，他付出了宝贵的生命。索南达杰的牺牲震惊了社会各界，也唤醒了人们保护藏羚羊的意识，1997年9月，以索南达杰名字命名的可可西里第一个自然保护站建成使用，可可西里坚守精神雏形自此形成，经过二十多年的努力，可可西里坚守精神一代又一代传承下来，造就了如今索加乡干部队伍扎根高原、甘于奉献、勇于担当的工作作风，激励着索加乡干部尽心竭力守护可可西里这片圣洁之地。

通天河畔红色精神的"传承者"

近年来，一代代索加乡党员干部努力挖掘"红色高地、英雄故里、精神摇篮、江源卫士"的红色索加精神谱系，全力打造"全国红色文化资源保护利用示范区""红色文化传承教育重要基地""红色旅游重要目的地""红色文艺精品创作高地"的教育示范基地，努力向省内外传递索加红色文化和生态保护理念。

为深入挖掘索加红色资源，深化"可可西里坚守精神"实质内涵，治多县委、县政府抽调精干力量组建"红色索加"工作专班，将生态保护作为打造"红色索加"的落脚点，以树立索南达杰英雄形象、可可西里坚守者卫士形象为目标，以索加西迁创业史、治多人民扎根奉献史和社会主义新玉树的建设发展史为核心，全面挖掘和搜集红色资源，初步绘制出"红色索加"旅游路线图，起草完成《可可西里坚守精神诞生地之"红色索加"发展框架》，初步形成了以牛头宾馆、延安礼堂、人民公社大食堂为主线的"红色索加"教育基地，为发扬新时代具有高原特色的红色文化打下了坚实的基础。2022年5月，在省十四次党代会玉树代表团审议时，索加乡党委书记向大会介绍了打造"红色索加"的发展远景，得到了与会代表的充分肯定，全乡干部打造"红色索加"的信心更足了。

长江源头生态保护的"守望者"

索加乡全域面积约 6.5 万平方公里，区域内的通天河是沱沱河、当曲河、楚玛尔河等长江河流的源头，有以万里长江第一个大峡谷烟瘴挂大峡谷为代表的生态保护源头，长年栖息着雪豹、棕熊等珍稀野生动物。多年来，索加乡全体干部群众承担着重要的生态保护责任，他们用心守护长江源头野生生物的多样性，为一江清水向东流倾注了智慧和力量。

多年来，在历届索加乡党委的带领下，先后组建成立了藏野驴、烟瘴挂、雪豹等多个保护区，有效保护了长江源头生态环境，先后组织开展了牙曲村雪豹保护节、君曲村野驴保护节、莫曲村野牦牛保护节、当曲村鸟类保护节等具有地方特色的文化保护活动，用实际行动践行着生态保护的使命和担当。长江源头生态环境逐年变好，离不开每一位默默坚守在保护区深处的索加乡生态管护员。近年来，索加乡坚持生态优先的发展思路，以三江源国家公园建设为契机，推行以乡党委为核心、四村支部为先锋、以全乡 2000 多名生态管护员为主力的网格化生态管护模式。随着三江源国家公园体制试点的建设，索加乡实行"一户一岗"制，家家户户都有生态管护员，牧民群众在家门口就能吃上"生态饭"，每个牧民群众都成为"环保卫士"。

2018 年 6 月 14 日，管护员夏加从县城回家途中发现一匹藏野驴困在网围栏上奄奄一息，他及时下车切断网丝救助，因救助及时，藏野驴脱离了生命危险；2019 年 7 月 3 日，管护员扎西多杰在巡护工作中发

索加乡党委开展"省十四次党代会精神"宣讲进牧区活动

现一只受伤的国家二级保护动物猎隼，在赶跑 3 只攻击猎隼的大鵟后，他小心翼翼地将其带回家精心照料，并在 3 天后将恢复体力的猎隼放归大自然……这样的小故事还有很多。如今，随着生态环境保护的力度不断加大，广大牧民群众的生态保护意识不断提高，长江源头环境干净整洁、野生动物成群嬉戏。

用心用情服务群众的"勤务员"

面对索加地区自然环境恶劣、生存条件严酷、交通出行不便、社会经济发展缓慢以及群众上学难、就业难、用电难、饮水难等现实问题，历届索加乡党委始终把提升人民群众的幸福感作为一

切工作的出发点和落脚点，尽心竭力解民忧、办实事，扎实打好脱贫攻坚战，力促全乡人均纯收入从 2014 年的 2885 元上升到 2021 年的 9873 元，逐步实现了"让牧民群众过上好日子"的心愿。

2020 年 12 月，受强冷空气影响，索加乡境内普降大雪，为了让困难群众温暖过冬，乡党委成员不畏暴雪，走村串户，为辖区五保老人、特困人员、孤儿等送去棉被 40 床、大衣 40 件。与此同时，干部们也会经常自掏腰包为困难群众送去生活必需品。牙曲村牧民洛南说："这雪这么大，你们这时候送来铺盖就是雪中送炭，这个冬天就不怕冷了，这睡起来也就热乎了。"新冠疫情突发以来，索加乡卫生院充分发挥藏药制剂中心作用，每天加紧制作九味黑药防疫散和九味防疫药香，乡镇干部进村入户免费向广大牧民群众发放藏药，反复叮嘱牧民群众保持良好卫生习惯，在抗疫战线充分展现使命和担当……多年来，索加乡党委不比基础比后劲，不比条件比干劲，无论是过去还是现在，坚持发扬"不畏艰苦、开拓创业，坚守奉献、忠于职守，干群同心、矢志不渝"的工作作风，全心全意传承可可西里坚守精神，让鲜红的党旗飘扬在海拔接近 5000 米的索加高原；持续做好生态保护、民生改善等各项事业，正在走出一条高质量的发展之路，牧民群众的获得感、幸福感、安全感不断攀升。

使命与荣誉相随　职能与责任同行

——记果洛州玛沁县委办公室

★中共玛沁县委
办公室带领村
级党员重温入
党誓词

　　在三江之源、海拔 6282 米的阿尼玛卿雪山脚下，5.7 万玛沁儿女正在为了实现共同富裕而努力奋斗，而作为发挥"工作运转、承上启下、联系左右和沟通内外"作用的中共玛沁县委办公室，紧紧围绕县委中心工作，以高标准、严要求认真推进"三服务"工作，一直负重前行在这片美丽的玛域草原上，为玛沁的发展默默耕耘，贡献自己的力量。2016 年 10 月，被青海省文明办评为"2013—2015 年度青海省文明单位"；2019 年 12 月，被中央办公厅评为"2019 年度全国党政系统机要密码工作先进集体"；2020 年 12 月被果洛州精神文明建设指导委员会评为"2018—2019 年度州级文明单位"；2021 年 6 月，被果洛州委评为"全州先进基层党组织"。

坚定信念，争做讲忠诚的"模范集体"

对党绝对忠诚是办公室的生命线，是做好办公室"三服务"工作的根本点。该集体始终以打造模范机关和"抓一流管理，带一流队伍，创一流业绩，树一流形象"为目标，始终做到坚持绝对忠诚的政治品格、坚持高度自觉的大局意识、坚持极端负责的工作作风、坚持无怨无悔的奉献精神、坚持廉洁自律的道德操守，不断完善服务理念，全面提升服务水平，狠抓各项工作任务落实，使办公室与县委在决策上合谋、节奏上合拍、工作上合心。

五年来，认真完成了党中央、国务院以及省州县委一系列重大决策部署，为出色完成脱贫攻坚、换届选举、民族团结示范县创建，妥善处置拉加镇山体滑坡地质灾害、雪山乡泥石流自然灾害以及"5·22"地震灾害处置工作贡献了智慧和力量，全力保障了群众生命财产安全。共起草撰写领导讲话、信息简报、汇报材料及各类文件3600余篇，撰写调研报告20篇，1篇获得全省优秀调研报告三等奖。上报反映类、建议类信息2500条以上，上报网络信息1500余条，及时编发《玛沁信息》801期，青海工作、青海组织工作、青海信息等采编260余期，10余篇信息得到省委主要领导及分管常委的批示肯定，信息工作始终在全州名列前茅，确保了县委各项工作及时、准确落地。在党办坚定信念、扎实苦干"老黄牛"般优良作风的感召下，一批批干部得到锻炼和提拔，一批批青年人才得到锻炼和成长，就如果洛州委常委、州委秘书长，玛沁县委办公室原主任生杰所说的一样："玛沁县委办公室就如高原上的一头牦牛，用坚定的信念和拼搏的韧劲，深深扎根在这片充满希望和奋进的沃土上，以牦牛特有的精神和品质，默默地为草原奉献着自己的力量。"

心怀牧区，争做讲服务的"模范集体"

一直以来，该集体始终恪守全心全意为人民服务的宗旨意识，始终保持一颗赤子之心、一份公仆情怀，接地气、不忘本，坚持为人民群众提供优质服务，像"老黄牛"一样扎根在牧民群众中，真正用"实干"得到群众"点赞"。

该集体在做好"三服务"工作的基础上，长期致力于"解民忧、办实事"，玛多"5·22"地震发生后，第一时间捐款1.17万元；积极开展"扶贫捐助日""爱心捐助"等活动7次，捐助资金达3万元；受理督办网民留言信息29条，督办解决29条，涉及金额224.69万元；2021年扎实开展"结对帮扶""我为群众办实事""结对认亲""灾后重建"等各项活动12余次，参与群众庭院美化、控辍保学、环境治理等重点工作 20 余次；及时对接解决下大武乡、雪山乡麝厂通电问题，涉及投资 260 余万元；积极解决当前村 1300 余万元的联通信号基站建设问题，并积极向上级反映当前村农村公路等级低、路况差的情况，后期经县委主要领导多次赴省相关部门协调争取，将东倾沟乡当前村至东柯河村 32 公里农村公路纳入改（扩）建范围，有效改变两村沿线 594 名群众的出行条件。点滴服务中，党办干部心怀人民的意识越来越浓厚，广大群众对党委政府的信任度、满意度不断攀升。

"办公室人员服务态度很好，为我们老百姓做了很多事实、做了很多好事，协调解决了很多'历史遗留问题'，办公室工作人员没有一个不好的。"全国脱贫攻坚先进个人、拉加镇赞根村党支部书记官却这样说道。多年前，因为赞根村的发展，官却想尽了办法，掉了不少头发，在村集体经济发展、基础设施建设、

玛沁县委办公室党支部开展"双帮"主题党日活动

党员活动室修缮等工作中遇到了不少问题和困难，为了壮大赞根村村集体经济和基础设施，办公室党支部党员干部多次深入拉加镇赞根村进行对接走访，看基础、查工作、谈思路，经过多方协调，筹集资金 35 万元，协调解决拉加镇赞根村马麝养殖产业的资金问题，提高了群众的致富能力。对赞根村"5·22"地震 216 户农牧民住房维修加固建设任务进行督导跟进；筹集 7 万元资金，对赞根村委会室内外院墙、旗杆底座、院内地坪等进行整修，添置会议室桌椅 20 余套，并下派 3 名选调生担任拉加镇赞根村党支部书记助理，切实为赞根村发展壮大村集体经济贡献了智慧力量。

艰苦奋斗，争做讲奉献的"模范集体"

面对繁重艰巨的"三服务"工作任务和纷繁复杂的新情况新问题，该集体正视矛盾、直面问题，虽然"5+2""白加黑"是工作常态，但是仍居于幕后、默默奉献，他们就像高原牦牛一样，深深扎根在玛沁这片热土上，党办全体干部始终秉持"格桑花"般坚韧的品质，耐得住寂寞、守得住清贫、管得住小节，为玛沁5.7 万各族儿女无私奉献着自己的力量。

五年来，该集体始终坚持严把"三关"，精益求精、追求卓越，坚持"精品才算达标"，秉承"干则一流、出则精品"的态度，单独拟稿，集中校稿，小组定稿，小到标点符号、格式，大到体例构思，为了一篇信息，来回易稿十几次，力求每一篇文稿都是最优秀、最完美、最有影响力的，强化以文辅政，当高参、出良谋。在日积月累的忙碌以及高寒高海拔的办公生活条件下，办公室很多同志身患诸多高原性心脑血管疾病，但仍靠着长期吃药坚守在各自的岗位上，甚至有同志多次抓了中药，却始终顾不上熬药吃药。有的干部，家中亲人去世，心中还牵挂着手头的工作，因为他们"放心不下"。2021 年 7 月，为了开好县十五次党代会，办公室所有干部职工加班加点，不分昼夜，接续奋战，从校对稿件到布置会场，从发放资料到座次安排，紧扣细节、反复演练，确保每一个环节不出错，每一个环节不遗漏。严谨的会风、高标准的细节、圆满的过程，最终赢得领导和干部的高度赞扬。一直以来，该集体始终坚持"依法履职、规范办事、规矩做人"的工作作风，始终严守纪律、身体力行、一丝不苟，品位高于职位，没有一名党员干部违反过廉政纪律，成为全县机关作风形象的"排头兵"。

新时代高原上的满"枫"派出所

——记果洛州达日县公安局满掌派出所

★达日县公安局
满掌派出所在
"糌粑矛调室"
调解纠纷成功

　　在平均海拔 4200 米以上的高原，巍巍巴颜喀拉山脚下有这样一个集体，他们是群众身边的贴心人、人民的好公仆，他们用心守护高原净土，用实际行动践行着人民公安为人民的初心和使命，这个集体就是达日县公安局满掌派出所。该集体紧紧围绕坚持和发展新时代"枫桥经验"，以"矛盾不上交、平安不出事、服务不缺位"为目标，深入探索服务群众、化解矛盾、维护平安的新举措新路子，全力打造基层派出所践行新时代"枫桥经验"的满掌样板。2018 年 1 月，被省人社厅和省公安厅记集体三等功 1 次；2018 年 1 月，被省人社厅和省公安厅评为"青海省公安机关优秀基层单位"；2020 年 3 月，被省公安厅评为"全省首批枫桥式公安派出所"。

牢记为民宗旨　厚植为民情怀

满掌乡自然条件恶劣、群众居住分散、交通极度不便、服务半径十分广阔，但满掌派出所始终把"一切为了群众、一切依靠群众"作为工作的出发点，他们致力于将问题解决在基层、服务拓展在基层、民心聚集在基层，居住在这里的每一位群众都是满掌派出所的"VIP 客户"。

一天夜里，一阵急促的敲门声惊醒了睡梦中的民警，一位身着藏服满身泥巴的中年壮汉出现在门外，经了解，他年满 5 岁的孩子因没有出生证迟迟没能上户，为办理出生证他曾多次往返县乡却一无所获。派出所民警在详细了解情况后，按照相关程序帮他补办了落户手续。当接过民警递给他印有家庭新成员的户口本时，他激动得说不出话，为确保他出行安全，民警主动邀请他留宿到派出所，他不好意思地说道："我们家那条沟里还有一位老人也一直没有户口。"得知情况后，民警决定让他带路去看看。次日清晨，一行三人带着装备骑着摩托消失在晨雾里，从国道到村道，翻山跨河，一路颠簸，烈日当空时才走到这户人家，掀开门帘，帐篷中一位独居老人坐在火炉旁，当她知道派出所专门为她上门办证时，她眼含热泪，激动地用那双历经沧桑、长满皱纹的双手握住民警的手，颤颤巍巍地说道：

"感谢国家！感谢共产党！"

为了贯彻"让数据多跑路，让群众少跑腿"的服务理念，满掌派出所在全州创建了首个警医联动"一站式"综合服务窗口，群众在"一站式"综合服务窗口即可实现新生儿出生医学证明开具、新生儿申报落户、死亡人员医学证明开具和户口死亡注销。警医联动"一站式"综合服务窗口设立以来，为居民办理新生儿出生申报 10 个，办理公民死亡注销 35 个。

铸牢忠诚警魂　践行使命担当

党建引领是"枫桥式公安派出所"的制胜法宝，满掌派出所传承一级战斗英雄拉玛才旦舍己为党的奉献精神，坚持以政治思想学习教育为基础，以习近平新时代中国特色社会主义思想为统领，在政治立场上绝不动摇、绝不含糊，用实际行动全力争创新时代人民满意的公安派出所。

从最初的"1+X"调处法、"互联网微信+"、"六个争当"到"1234+"等工作模式，满掌派出所把基层党组织打造成为促进民族团结创建、维护社会稳定、生态环境保护、打击违法犯罪的坚强战斗堡垒；党员民警充分发挥先锋模范作用，将"讲团结、顾

达日县公安局满掌派出所组织哈达义警开展社会面巡逻工作

大局"作为基本的工作原则，把群众的事当作自己的事，用实际行动践行"海拔高、奉献精神不能少，环境苦、更要苦干不苦熬"的拼搏精神，为维护一方稳定、服务一方群众、守护一方平安默默奉献。"你把群众当亲人，群众把你当家人。"这是派出所民警们最常说的一句话，这几年他们与牧民群众打成一片，从办理户籍到孩子入学，从调解纠纷到运送病人，牧民们把民警当成自家人，大事小情都会先找派出所民警。群众的眼睛是雪亮的，一点一滴都看到眼里、记在心里。"有事去派出所"，这是满掌群众常说的口头禅，这6个字是信赖，更是认可。这也说明，真心实意为老百姓谋福利，才能赢得信任和敬重。

创新载体机制　提升服务质效

为实现新时代"枫桥经验"个性化、本地化，满掌乡派出所找准定位，以为民服务为根本落脚点，以地域特色、民族特色为切入点，率先在全州创建了符合地域文化特色、民族底色的多元化"糌粑矛调室"，把民族团结、地域文化这些特色融入基层公安工作，促使牧民群众更乐意了解和支持公安工作，使公安工作在基层前沿阵地更具凝聚力、领导力、向心力和战斗力。

2022年2月，派出所驻村民警在布东村走访入户时了解到一起矛盾纠纷，经驻村民警进一步了解，该起纠纷属于历史遗留纠纷，双方当事人为亲兄弟，因分家时草山分割不均导致兄弟相互心存怨恨，长期因草山网围栏的划分争执，持续时间长达30余年。为了避免矛盾再升级，驻村民警进行全面梳理核实，及时组织开展纠纷调处工作，历经一周时间，双方当事人最终化干戈为玉帛，在满掌派出所"糌粑矛调室"里吃着糌粑、喝着奶茶，达成了协议，并当场签订了人民调解协议书。

"有纠纷去糌粑矛调室"，对于辖区群众来说，"糌粑矛调室"已然成为可以信赖、可以依靠的"品牌"。自"糌粑矛调室"成立以来，满掌派出所始终坚持"合力共为、发现在早、处置在小"的基本工作原则，深入分析辖区矛盾纠纷特点和历史遗留问题，不断推动实施"三调联动""民调入所"和"庭所对接"等矛盾纠纷调处工作机制，切实为辖区广大牧民群众提供多渠道可选择的诉求"方案"，推动"依法诉求"在满掌牧区落地生根，在辖区内实现矛盾纠纷"动态清零"。满掌派出所共在"糌粑矛调室"调处各类矛盾纠纷40余起，成功调处率达98%。

随着基层警务机制改革不断推进，2021年8月，"一室一队"所领导包村制工作模式在满派出所应运而生，"1+1+N"驻村警务巡逻队的身影出现在大山深沟的每一处。他们有的骑马，有的骑车，有的甚至徒步，正因为有这样一只支特别的队伍，满掌辖区的社会治安防控工作越做越好，越做越有特色，并于2020年11月成立全州首支"哈达义警"群防群治队伍。2年来，"哈达义警"协助派出所开展社会治安联合巡逻、法制宣传、协助掌握外流人口等工作，为辖区社会治安贡献了力量。

根植于为民服务的基层"沃土"中

—— 记黄南州同仁市隆务镇人民政府

★同仁市隆务镇举办"梦回古镇向党献礼"文艺汇演

近年来,隆务镇党委、政府坚持"把抓好党建作为最大的政绩"与"把为民造福作为最重要的政绩"有机统一起来,以铸牢中华民族共同体意识为主线,因地制宜壮大乡村富民产业,坚决扛起生态环保大旗,使全镇呈现出党的建设长足发展、经济发展蹄疾步稳、社会治理向善向好、人民群众安居乐业的大好局面,赢得社会各界广泛赞誉。2019年9月,被国务院授予"全国民族团结进步模范集体"称号;2019年12月,被国家林业和草原局授予"国家森林乡村"称号;2020年12月,被青海省委评为"青海省先进基层党组织";2020年3月、2021年5月被青海省消防安全委员会评为"青海省消防工作先进单位"。

在实干奉献中凝聚为民力量

走进隆务古城镇，不同民族风格的建筑鳞次栉比，显得古朴而和谐。幽静的巷子里，一会儿是回族妇女和藏族妇女亲切闲聊的场景，一会儿是撒拉族汉子说着藏语在谈生意的声音，居民们悠闲自得地来回穿梭着，过着宁静祥和的生活。千百年来，在这片历史悠久的文化古城镇里，藏、汉、回、土、撒拉、保安等多个民族团结互助，结下了真挚的友谊。在市委、市政府的推介下，隆务古街、隆务镇四合吉六月会亮相央视"魅力中国城"第三季节目，"古镇故事"讲到了全国。

"让群众满意是我们发展的最终目的，只有做到为民谋福祉，才会得到群众的拥护，才会实现发展的提升。"这是隆务镇党委、政府的郑重承诺。近年来，隆务镇坚持领导班子成员带头示范，深入村社广泛开展调研活动，充分听取农牧民群众的期盼和诉求，切实从思想上找根源、制度上抓漏洞、执行中抓落实。全镇干部舍小家顾大家，披星戴月，风雨兼程，为建设富裕文明和谐美丽幸福隆务凝聚力量。为做大做强唐卡产业，市委、市政府作出打造吾屯唐卡风情艺术小镇的决策部署，全镇干部精诚团结、集思广益，制定可操作、能落地的方案，对涉及征地拆迁、违建拆除等与群众切身利益相关的事项，大家耐心细致地做好群众引导工作，始终坚守岗位、奋战一线。经过连续一年的奋战，如今的吾屯唐卡风情艺术小镇建设初具雏形，一排排整齐的画室、一幅幅精美的唐卡，这一切都是隆务镇干部拼搏奋进的有力见证。

在党建引领中提升服务质量

近年来，为优化便民服务事项，破解困难群众申请临时救助、最低生活保障等民生保障项目的程序杂、办事难、重复跑问题。隆务镇主动对标、积极谋划，将最低生活保障、临时救助、特困人员供养、危旧房改造、农牧民居住条件改善、医疗、养老等事关群众切身利益的20余个服务事项纳入村级党群服务中心服务范畴，作为村"两委"、驻村工作队成员坐班主要职责，切实帮助解决群众操心事、烦心事、揪心事。隆务镇阿宁村贫困户尕土加感慨道："我们阿宁村到镇政府的距离有十几公里，而且路途崎岖，村级党群服务中心的打造，扭转了多年来偏远脑山村庄群众跑冤枉路、急难事办不成的尴尬局面，大家都是拍手叫好。"

为拓宽社区居民服务渠道，隆务镇以社区党组织为"轴心"，积极探索组建"党建联盟"，形成州、市、乡（镇）、社区各级各类单位"支部共融、资源共享、服务共促、治理共抓、经费共筹，组织活动联办、党员教育联抓、文明城镇联创、社会治安联防、志愿服务联做"的"五共五联"城市党建基层治理模式，最大限度为社区居民提供便民服务。热贡路社区委员才毛卡时常需要迎接前来认领"微心愿"的机关干部，"希望得到一个崭新的书包""想要一本童话书"等写有小小心愿的爱心卡片贴在了社区最显眼位置，这些"微心愿"是网格员在日常巡查、上门入户走访、电话咨询时了解并收集的。通过"党建联盟"平台，社区工作人员在联盟机关支部与困难群众之间架起一道圆梦大桥，使"微心愿"圆到了守候者的心坎儿里。与此同时，隆务镇7个社区还搭建起了"爱心橱窗""爱心洗衣坊""爱心车队""爱心厨房"等普惠载体，让党的建设的各项政策更加"接地气""入人心"。

在生态优先中打造绿色隆务

近年来，隆务镇积极融入黄南州生态文明建设示范区，每年开展春秋两季千人次义务植树造林"大会战"，累计造林较"十二五"期间增长238%，隆务绿色版图由"浅绿"向"深绿"迈进。聚焦蓝天、碧水、净土保卫战，坚决打好污染防治攻坚战，大力实施化肥农药减量增效行动，农业面源污染得到有效治理。全镇空气质量达标天数占96.3%，隆务河流域断面水质达标率

同仁市隆务镇组织机关干部、群众开展义务植树活动

为100%，确保了一江清水出城出市；违法用地整治、撂荒地复垦和农村人居环境改善持续推进，生态环境实现根本性、整体性好转。

此外，隆务镇以"网格化"管理模式为切入点，将全镇划分为109个网格，充分发挥全镇干部职工、村（社区）干部"两委"、农牧民党员、生态公益性岗位等工作人员，建立"定人员、定路段、定区域"的长效机制，积极推行"户收集、村转运"的垃圾处理模式，经常性开展"绿化家乡""环境整治"等专项行动，着力破解辖区内"脏、乱、差"等问题，扮靓宜居宜业的绿色生态。隆务街社区居民马文贤说道："在镇党委、政府的持续努力下，现在我们的社区变得干净漂亮，面貌焕然一新。我们每天吃完晚饭，陪家人孩子走在隆务河两边的长廊上吹着晚风散步，呼吸着新鲜空气，享受着隆务河畔的美景，别提有多舒服了。"

在产业振兴中树牢富民导向

　　自精准扶贫工作开展以来，隆务镇党委、政府集全镇之力，走遍全镇 11 个村的各个角落，全面掌握村情实际，按照各村实际，认真谋划发展定位，积极打造一村一品，带领各村群众盘活现有资源，大力发展村级产业，壮大村集体经济，为纵深推进乡村振兴夯实基础。

　　为有效盘活现有土地，隆务镇在吾屯上庄村立足"区位条件优越、生态环境优良、旅游资源优厚"的"三优"禀赋，结合"非粮化""撂荒地"整治，在公路沿线连片种植 862 亩油菜，增强旅游黏性，提升旅游知名度，为后期发展特色民宿项目、延伸产业链、打造"一条街"旅游观光点，提供了有力支撑。隆务镇东南部的措玉村，因一股山泉自措玉山中流出并流经整个村子而在同仁地区及省内很有名气，而且泉水中的矿物质和微量元素对人体的眼、肝、胃等有一定的医疗保健作用。在全镇的共同努力下，通过招商引资，共同开发措玉山泉，成立措玉山泉水有限公司，于 2017 年 10 月建成投入生产，企业每月销售额达 10 万元，并按销售额的 5% 向村集体经济提成。经过不懈努力，措玉山泉水市场占有率不断提升，群众分红也明显增加。措玉村村民夏吾措说道："因为有党的好策，我们不仅在家门口实现了就业，还可以参与村级产业发展收益分红，感谢镇党委、政府和驻村工作队的辛苦付出，让我们的生活越来越好。"

在听民意解民忧惠民生中凝聚民心

——记省委办公厅信息处

★信息处集体研
判分析舆情热
点事件

　　这是一份光荣的使命、一项伟大的事业。党委信息工作是党委
办公厅（室）工作的重要组成部分，是党中央和各级党委了解情况、
科学决策、指导工作的重要渠道。在党办队伍里，有一支政治坚定、
业务过硬、作风优良的信息工作队伍，他们是新时代"党办人"的
缩影。长期以来，省委办公厅信息处深入践行习近平总书记"五个
坚持"重大要求，始终把以人民为中心的发展思想贯穿党委信息工
作全过程，改进和创新联系群众方式方法，切实发挥党联系人民群
众的桥梁纽带作用。2017 年至 2021 年，连续获得人民网网民留言
办理工作"先进单位""机制创新单位""实干担当单位""民心
汇聚单位"殊荣。

聚焦改革发展稳定大局当好"瞭望哨"

多年来，信息处依托信息刊物平台，紧扣领导关注点、基层矛盾突出点、群众意见集中点，深入基层、深入一线、深入群众开展调查研究，以求真务实的态度，摸情况、讲真话、报实情，积极发挥以文辅政作用。

2020年伊始，新冠肺炎疫情席卷中华大地，并很快波及青海。面对猝不及防的疫情，市面上的病毒消杀、个人防护等物品很快遭到抢购。信息处在了解到基层一线环卫工人防护物资短缺的情况后，及时向上级反映并提出建议，相关部门紧急调拨了一批防护口罩、酒精、消毒液，用于一线环卫作业人员安全防护。随着疫情形势逐渐严峻，群众居家隔离的各种问题逐渐显现，通过向社区及居民电话了解情况，及时反映并推进解决了被隔离人员买菜困难等日常生活保障问题。针对统筹疫情防控和经济社会发展需要，信息处迅速派遣人员下沉一线，到企业、学校、社区以及商贸行业走访调研，充分了解复工复产方面的困难，为科学决策提供重要依据。持续关注涉疫热点焦点问题，围绕疫情动态、趋势研判、群众诉求等，相继推动出台加强社区物业疫情防控管理、关心关爱基层一线工作人员、离沪大学生返乡隔离等一系列政策措施，全力维护人民群众生产生活正常秩序。

信息处每位同志始终立足岗位职责，恪守无私奉献的"绿叶精神"，在"三服务"工作中积极贡献力量，使党委信息时时、事事、处处体现党的意志、维护人民利益，切实当好让党中央和省委放心的"坚强前哨"，在为党工作、为民服务中体现人生价值。

聚焦重大突发事件守好"烽火台"

突发事件紧急信息事关人民群众生命财产安全和社会稳定。在重大自然灾害、重大事故灾难、重大公共卫生事件、重大治安和刑事案件、重大涉青舆情热点事件等一批急难险重任务中，架起上下贯通、左右联系的"信息网"，第一时间吹响"集结号"，争分夺秒上报"第一手情况"，为处置工作赢得主动权。

2021年5月22日凌晨，果洛州玛多县发生7.4级地震。长期形成的警觉让处里的同志意识到"应该是省内发生地震了"，大家最先想到的就是迅速核查震中位置和初步灾情，然后立即电话报告基本情况。无须号令，在最短的时间内，全体

省委办公厅信息处集体合影

同志到达办公室，启动重大突发事件应急机制，通过各种渠道，进一步全面了解震区人员伤亡，房屋、通讯、道路、电力等基础设施受损情况。"果洛州玛多县的通讯畅通""玛多县城局部供电线路跳闸""部分路面开裂、有公路桥梁出现垮塌""玛多县在校师生已全部转移至安全地带"，整个夜晚电话联络声成为紧急救援的"主旋律"。在接下来的 72 个小时里，全体同志加班加点、连续作战，密切协调各方、迅速汇总情况，持续不间断向党中央和省委报告灾情及应急救援进展情况，有力保障了抗震救灾应急处置工作顺利进行。

2018 年 12 月底玉树及果洛重特大雪灾、2020 年 1 月 13 日西宁市红十字医院公交站地面坍塌、2021 年 8 月 14 日柴达尔煤矿冒顶事故、2022 年 1 月 8 日海北州门源县 6.9 级地震、2022 年 5 月 6 日西宁市城西区青剧影城火灾……一阵阵急促的电话铃声，一个个灯火通明的夜晚，一份份翔实的信息报告，倾注了每位同志辛劳的汗水，"生命至上，人民至上"的使命担当已经深深扎根在每一位同志的内心。

聚焦民生重点领域搭建"连心桥"

"业主无法办理不动产证、工程拖欠农民工工资、小区物业不作为、疫情期间就医不便……"人民网"领导留言板"省委书记信箱中的每一条留言都关乎群众利益，每一句关切都反映群众心声，每一个问题都折射急难愁盼。作为人民日报专门为中央部委和地方各级党委政府主要负责同志搭建的网上群众工作平台，群众可直接留言发表意见建议、反映合理合法诉求，是听政声、察民意、聚良策、解民忧的重要渠道。

2022 年 4 月，省会西宁连续多日发现新冠肺炎阳性人员，为阻断传播风险，部分城区实施静态管理。4 月 15 日 16 时许，网民在人民网省委书记信箱留言："我是一名孕妇，因身体原因之前到医院检查并预约了手术，目前由于腹部疼痛明显，需尽快前往医院进行手术，但由于疫情管控无法外出，急需帮助。"收到留言后，值班人员第一时间进行电话交办。19时许，有关工作人员与该网民取得联系，并将其送至西宁市第一人民医院进行手术治疗。"真的是意料之外的情况，感谢各级领导对我的关心，感谢工作人员的陪伴和帮助，感谢'人民网领导留言板'帮我解决问题。"术后恢复情况良好的网民，在接到回访电话后激动地向工作人员表达谢意。

　　五年来，围绕民生保障、就业欠薪、物业服务、延期交房等重点领域，信息处推动解决了一批群众反映强烈的突出问题，累计办理网民留言2300余件，办理结果得到老百姓的"点赞"。信息处通过办好群众身边一件件琐碎的"小事情"赢得了"大民心"。

不忘初心担使命　为民服务显担当

——记省社会保险服务局企业职工和城乡居民养老保险经办处

★省社保局企业处审核青海油田退休人员档案

　　省社会保险服务局企业职工和城乡居民养老保险经办处，承担着全省397万企业职工和城乡居民养老保险两个险种业务指导和中央驻青企业21万参保职工业务经办两大工作任务。近年来，该集体始终坚持以人民为中心的发展思想，用优质的服务和过硬的业务素质持续推进经办管理工作高质量发展，全心全力为全省"一优两高"战略贡献社保力量。2009—2015年，被人力资源和社会保障部社会保险事业管理中心评为"全国企业职工基本养老保险和城乡居民基本养老保险经办管理先进单位"。

一心为民，勇担职责践使命

民之所盼，我之所向。该集体聚焦企业职工、城乡居民"两大险种"，落实业务指导、具体经办"两项任务"，突出参保扩面、待遇发放"两大主业"，及时将党的社保政策惠及参保企业和城乡居民。2017年以来确保企业退休人员和城乡居民享受待遇人员养老金按时足额发放，牢牢兜住了民生底线。连续17年调整企业退休人员基本养老金，8次调整城乡居民基础养老金，企业退休人员月人均养老金、城乡居民养老金标准位居西北第一、全国前列。城乡居民养老保险被乡亲们亲切地称为"不会说话的孝

省社保局企业处日常经办工作剪影

172

顺儿子"。

社会保险是人力资源和社会保障工作服务于人民的前沿,事关民生,连着民心。居住深圳市的王先生曾在青海工作20年,在深圳办理退休时因档案缺少在青期间参保缴费记录,造成工龄认定难的问题。该集体接到王先生电话诉求后,20余次查找档案资料,积极联系深圳社保经办机构,并出具相关证明材料,使其顺利办理退休。王先生专程来青海送上"初心不改　为民解忧"锦旗,这既是对社保经办工作的肯定,也是全体社保干部职工认真践行"记录一生、保障一生、服务一生"社保工作理念的生动写照。

不落一人,社保扶贫显担当

扶贫路上,不落一人。该集体始终把社保扶贫作为落实中央提出的"社会保障兜底一批"的重中之重,全力推进"应保尽保、应缴代缴、应发尽发"工作。2020年6月30日,对于69岁的残疾老人祁不德来说,是值得铭记的一天。祁不德老人聋哑、右腿残疾,是建档立卡贫困人员,户籍地在青海省海东市民和县前河乡前河村。10年前,老人跟随四女婿长期居住在甘肃省临夏州东乡县考勒乡八十个村，从此再没有回过青海。为落实社保扶贫"不漏一人、精准到人，百分之百纳入"的要求，该集体通过数据核查发现祁不德未参保后，协调市、县、乡三级成立工作专班，驱车赴甘肃省现场为老人办理了参保和待遇领取手续，从7月份开始每月发放180元的养老保险待遇。老人无法用言语表达，流着泪竖起了大拇指。"寻访祁不德老人"的案例被人社部纳入全国脱贫攻坚典型实例，选录至《踏遍千山万水 只为寻你而来——青海省社会保险脱贫攻坚"动态清零"工作侧记》，被全国共产党员网、中国网等700多家媒体报道和转载。

紧盯贫困人员养老保险"应保尽保、应代尽代、应发尽发"三个目标，通过降低门槛疏通"入口"、提高待遇升级"出口"、优化服务注重"过程"三项措施，做到贫困人员增加一个、参保一个、代缴一个，到龄一个、发放一个，确保了社保扶贫"不漏一户、不落一人"，社保扶贫取得决定性胜利，为全省绝对贫困"清零"行动注入了强劲动力。

一网通办，服务群众零距离

民有所呼，我有所应。面对经办大厅排长队、来回跑的问题，群众时有怨言。该集体坚持目标导向、问题导向，深化"放管服"改革，搭建多元化平台，下大决心推进社保业务"网上办、自主办、一窗办、就近办、跨省通办"，全省98万名企业、机关、城乡、工伤、失业保险领取待遇人员实现了智能认证，办事大厅内人山人海已成为过去。截至目前，线上业务办理突破300万笔，占业务总量的70%以上，"叫号机"下岗了，在家、在单位随时办理社保业务已成为常态，该集体经办窗口服务好评率达到99%以上。

中石油青海油田分公司位于甘肃省敦煌市，企业参保人员多，每月人员增减变动频繁，办理退休人员量大，原先需要该企业两三名经办人员每个月带着几大箱档案和成捆材料，往返2000多公里，花费四五天时间进行现场办理。实行"一网通办"后，只需企业登陆社保经办系统，录入数据、上传资料，几分钟就办完了。对"青海人社通"手机APP进行"适老化"改造，增加大字版，方便老年人阅读操作，切实为老年人提供贴心、方便、快捷的认证服务。组建爱心服务小分队，累计为200余位省内外80周岁以上老人提供上门服务，为15861名高龄、空巢和行动不便的老人提供协助认证服务。尊重老年人使用存折查看银行流水明细的习惯，为3万余人提供养老金由社保卡改回存折发放服务。积极与协议银行协调，为退休人员提供待遇到账短消息提醒服务，让待遇领取人第一时间获知待遇发放情况。

一分不漏，严密防控守底线

严格监管，确保安全。习近平总书记在中央政治局第 28 次集体学习会议上对欺诈冒领社保基金作出重要指示批示，要以零容忍态度严厉打击违法行为。近年来，该集体立足主责主业，创新社会保险基金安全运行"123"工作法，着力防范化解社保经办风险，该做法紧扣社保基金"人防、群防、技防、制防"要求，受到人社部肯定，作为典型做法在全国推广；聚焦社保数字化转型，上线运行内控稽核信息系统，设置全险种预警指标，建立与公安、法院、监狱外部数据共享及各险种业务数据常态化比对机制，定期开展数据分析筛查，对疑点数据下发各地核查处理，确保风险隐患发现在早、防范在先、处置在小；主导开展社保基金管理问题专项整治，细化风险清单，有效遏制了违规行为，确保了社保基金安全平稳运行。

附　录

中国共产党中央委员会

中委〔2022〕793号

中共中央　国务院
关于表彰全国"人民满意的公务员"和
"人民满意的公务员集体"的决定

（2022年8月30日）

公务员是干部队伍的重要组成部分，是社会主义事业的中坚力量，是人民的公仆。在新时代中国特色社会主义伟大征程中，广大公务员深入学习贯彻习近平新时代中国特色社会主义思想，坚决维护习近平总书记党中央的核心、全党的核心地位，坚决维护党中央权威和集中统一领导，认真贯彻落实党中央决策部署和习近平总书记重要指示批示精神，围绕统筹推进"五位一体"总体布局、协调推进"四个全面"战略布局，忠诚履职、努力工作，为打赢脱贫攻坚战、全面建成小康社会、胜利实现第一个百年奋斗目标，开启实现第二个百年奋斗目标新征程作出重要贡献，涌现出一大批人民满意的公务员和公务员集体。

在党的二十大即将召开之际，为表彰先进典型、弘扬奋斗精神，激励动员广大公务员和公务员集体奋进新征程、建功新时代，党中央、国务院决定，授予朱琴等397名同志全国"人民满意的公务员"称号；授予北京丽泽金融商务区管理委员会等198个集体全国"人民满意的公务员集体"称号。

这次受到表彰的全国"人民满意的公务员"和"人民满意的公务员集体"，是新时代公务员队伍的优秀代表。他们深学细悟习近平新时代中国特色社会主义思想，坚定理想信念，牢记初心使命，自觉践行以人民为中心的发展思想，把为民造福作为最大政绩，立足本职、真抓实干，扎实推动党和国家各项工作部署落实落地，用心用情用力解决群众急难愁盼问题，以忠诚干净担当的实际行动，书写了人民满意的时代答卷。希望受到表彰的公务员和公务员集体珍惜荣誉、再接再厉，充分发挥模范带头作用，以更高标准干在实处、走在前列，为党和人民再立新功。

　　新时代是奋斗者的时代，为人民幸福而奋斗是最大幸福。当前，我国踏上了全面建设社会主义现代化国家、向第二个百年奋斗目标进军的新征程，改革发展稳定任务更加繁重，实现中华民族伟大复兴正处于关键时期。党中央号召，广大公务员和公务员集体要以受到表彰的先进典型为标杆，更加紧密地团结在以习近平同志为核心的党中央周围，深刻领悟"两个确立"的决定性意义，增强"四个意识"、坚定"四个自信"、做到"两个维护"，牢记使命责任，勇于担当作为，坚持做人民公仆、为人民服务、让人民满意，以一往无前的奋斗姿态和永不懈怠的精神状态，努力创造无愧于党、无愧于人民、无愧于时代的优秀业绩，为全面建成社会主义现代化强国、实现中华民族伟大复兴的中国梦而努力奋斗！

　　附件：1. 全国"人民满意的公务员"名单
　　　　　2. 全国"人民满意的公务员集体"名单

　　（此件公开发布）

附件1

全国"人民满意的公务员"名单

（397 名）

朱　琴（女）	北京市政务服务管理局政府网站建设管理处处长、政策法规处处长
乔　石	北京市公安局通州分局徐辛庄派出所三级警长
朱　郑	北京市文化市场综合执法总队四支队一级主办
孙　杨	北京市水务局水务应急中心预案管理科科长
甄　蕾（女）	北京市海淀区委卫生健康工作委员会书记、二级巡视员
罗　胤（女，壮族）	北京市东城区天坛街道司法所所长
郭华刚	北京市西城区住房和城市建设委员会老旧小区综合整治科科长
张海龙	北京市平谷区农业农村局产业化发展科科长
褚　铭（女）	北京市昌平区天通苑北街道社区建设办公室副主任

刘锋军	甘肃省嘉峪关市公安局网络安全保卫支队支队长
黄沿钧	甘肃省平凉市信访局网信科科长
魏彦坤（女）	甘肃省庆阳市司法局党组成员、副局长
姜莉玲（女）	甘肃省民勤县退耕还林办公室四级主任科员
豆丽娟（女）	甘肃省兰州市七里河区人民法院立案庭一级法官
常青华（女）	甘肃省金昌市金川区妇女联合会主席、四级调研员
魏振乾	甘肃省陇西县菜子镇党委书记、三级调研员
荆　花（女）	甘肃省玉门市政府办公室党组成员、副主任，市行政服务中心主任
张　怡	甘肃省兰州市公安局刑事警察支队电信网络案件侦查大队副大队长
索　拉（女，藏族）	青海省玛多县政协办公室原主任
鲁　斌（蒙古族）	青海省公安厅刑警总队现场勘查科科长
文春莲（女，土族）	青海省卫生健康委员会卫生应急办公室一级主任科员
秦海榛	青海省祁连县农牧综合执法大队四级主

任科员

更尕扎西（藏族）	青海省囊谦县委教育工作委员会专职副书记，县教育局党委书记、局长
张景文（土族）	青海省贵德县拉西瓦镇党委书记
王瑞萍（女）	宁夏回族自治区中卫市沙坡头区司法局党组成员、副局长，社区矫正管理局局长
王　妮（女）	宁夏回族自治区银川市兴庆区农业农村和水务局党组成员、副局长，乡村振兴局副局长，月牙湖乡党委副书记（挂职）
刘志聪	宁夏回族自治区固原市原州区人民法院党组成员、副院长、四级高级法官
金　刚（回族）	宁夏回族自治区石嘴山市惠农区礼和乡党委书记、四级调研员
哈学云	宁夏回族自治区灵武市公安局临河派出所所长
伍福升（回族）	宁夏回族自治区泾源县新民乡党委书记
塔依尔·米吉提（维吾尔族）	新疆维吾尔自治区乌什县公安局党委副书记、政委、机关党委书记、四级高级警长
努尔马提·加伊尔巴依（哈萨克族）	新疆维吾尔自治区伊犁哈萨克自治州林业和草原局自然保护地保护管理处处长

附件 2

全国"人民满意的公务员集体"名单

（198 个）

北京丽泽金融商务区管理委员会

北京市卫生健康委员会疾病预防控制处（公共卫生管理处）

北京市"疏解整治促提升"专项行动工作办公室

北京市门头沟区大台街道办事处

北京市朝阳区不动产登记中心

天津市河西区民政局

天津市总工会权益保障部

天津市滨海新区科学技术局高新技术室

天津市委教育工作委员会（天津市教育委员会）学生思想教
　　育与管理处

河北省张家口市崇礼太子城国际冰雪小镇管委会

河北省生态环境厅大气环境处

河北省阜平县交通运输局

河北省教育厅基础教育处

河北省定州市公安局杨家庄派出所

河北省张北县乡村振兴局

河北省香河县安平镇党委

应急指挥中心）

西藏自治区浪卡子县普玛江塘乡党委

西藏自治区发展和改革委员会固定资产投资处

西藏自治区水利厅河湖管理处（自治区河长制办公室工作处）

西藏自治区岗巴县岗巴镇党委

陕西省西安市黑河水源地环境保护管理总站

陕西省渭南市体育局

陕西省住房和城乡建设厅村镇建设处

陕西省安康市行政审批服务局

陕西省杨凌示范区杨陵区农业农村局

甘肃省兰州市城关区广武门街道办事处

甘肃省卓尼县尼巴镇人民政府

甘肃省白银市白银区科学技术局

甘肃省康县文体广电和旅游局

甘肃省武威市政府政务服务中心

三江源国家公园管理局长江源（可可西里）园区国家公园
  管理委员会可可西里管理处

青海省德令哈市柯鲁柯镇人民政府

青海省西宁市城西区古城台街道办事处

宁夏回族自治区卫生健康委员会疾病预防控制处

宁夏回族自治区中卫市云计算和大数据发展局

附　录

000501

中共青海省委文件

青发〔2023〕10 号

★

中共青海省委　青海省人民政府
关于表彰第四届青海省"人民满意的公务员"
和"人民满意的公务员集体"的决定

（2023 年 3 月 30 日）

公务员是党的干部队伍的重要组成部分，是中国特色社会主义事业的中坚力量，是人民的公仆。近年来，全省广大公务员认真学习贯彻习近平新时代中国特色社会主义思想，深入贯彻落实习近平总书记考察青海重要讲话和对青海工作的重要指示批示精神，聚力打造生态文明高地、建设产业"四地"，推动青藏高原生态保护和高质量发展，忠诚履职、努力工作，为打赢脱贫攻坚战、与全国同步全面建成小康社会，胜利实现第一个百年奋斗目标、开启第二个百年奋斗目标新征程作出重要贡献，涌现出一大批人民满意的公务员和公务员集体。

为表彰先进典型、弘扬奋斗精神，激励动员全省广大公务员和公务员集体奋进新征程、建功新时代，省委、省政府决定，授予施雪杰等10名同志第四届青海省"人民满意的公务员"称号；授予同德县司法局等9个集体第四届青海省"人民满意的公务员集体"称号。

这次受到表彰的"人民满意的公务员"和"人民满意的公务员集体"，是新时代全省公务员队伍的优秀代表。他们深学细悟习近平新时代中国特色社会主义思想，牢记初心使命，坚守人民情怀，立足本职、真抓实干，全面贯彻党中央、国务院决策部署，认真落实省委、省政府工作要求，以忠诚干净担当的实际行动，诠释了对党忠诚、让党放心的政治品格，展示了全心全意为人民服务的公仆本色。希望受到表彰的公务员和公务员集体珍惜荣誉、再接再厉，充分发挥模范带头作用，以更高标准干在实处、走在前列，在建设现代化新青海进程中再立新功。

当前，党团结带领全国各族人民踏上了全面建设社会主义现代化国家、向第二个百年奋斗目标进军的新征程。省委号召，全省广大公务员和公务员集体要以受到表彰的先进典型为标杆，更加紧密地团结在以习近平同志为核心的党中央周围，深刻领悟"两个确立"的决定性意义，增强"四个意识"、坚定"四个自信"、做到"两个维护"，把思想和行动统一到党的二十大精神上来，牢记使命责任，勇于担当作为，坚持做人民公仆、为人民服务、让人民满意，以一往无前的奋斗姿态和永不懈怠的精神状态，踔厉奋发，勇毅前行，为奋力谱写全面建设社会主义现代化国家的青海篇章作出新的更大贡献！

　　附件：青海省"人民满意的公务员"和"人民满意的公务员集体"名单

（发至县）

附件

青海省"人民满意的公务员"
和"人民满意的公务员集体"名单

一、青海省"人民满意的公务员"（10 名）

施雪杰　　　　西宁市公安局城中公安分局南滩派出所
　　　　　　　一级警长

李　明　　　　互助县人民检察院第一检察部主任

刘　臻　　　　茫崖市委办公室主任

关却卓玛（藏族）海南州委巡察组副组长

祁佐民　　　　海北州自然资源局办公室主任

祁芳录　　　　黄南州卫生健康委员会卫生业务科科长

陈　敏　　　　河南县委宣传部副部长、县文体旅游广
　　　　　　　电局党组书记、局长

多　太（藏族）　玛多县黄河乡原党委书记、四级调研员

尕松尼玛（藏族）曲麻莱县文体旅游广电局原局长

张玉德　　　　省委政法委执法监督处副处长

二、青海省"人民满意的公务员集体"（9 个）

同德县司法局

门源县东川镇人民政府

同仁市隆务镇人民政府

达日县公安局满掌派出所

中共玛沁县委办公室

中共治多县索加乡委员会

玉树市城市管理综合行政执法局

省委办公厅信息处

省社会保险服务局企业职工和城乡居民养老保险经办处